neue musik in der kirche II
Himmel, Hölle, Tod und Teufel

Corinna Dahlgrün/Hans Darmstadt (Hrsg.)

neue musik in der kirche II
himmel, hölle, tod und teufel

Interdisziplinäre Tage für Neue Musik und Theologie
15.-18. Juni 2000 – Dokumentation und Auswertung

PETER LANG

Frankfurt am Main · Berlin · Bern · Bruxelles · New York · Oxford · Wien

Die Deutsche Bibliothek - CIP-Einheitsaufnahme

Neue musik in der kirche II : Himmel, Hölle, Tod und Teufel ;
Dokumentation und Auswertung / Interdisziplinäre Tage für
Neue Musik und Theologie 15.-18. Juni 2000 – Dokumentation
und Auswertung / Corinna Dahlgrün/Hans Darmstadt (Hrsg.). -
Frankfurt am Main ; Berlin ; Bern ; Bruxelles ; New York ;
Oxford ; Wien : Lang, 2001
   ISBN 3-631-37685-5

ISBN 3-631-37685-5
© Peter Lang GmbH
Europäischer Verlag der Wissenschaften
Frankfurt am Main 2001
Alle Rechte vorbehalten.

Inhalt

Vorwort

Vom 15. bis 16. Juni 2000 haben in Sankt Martin Kassel die *Interdisziplinären Tage für Neue Musik und Theologie – neue musik in der kirche* unter dem Thema "Himmel, Hölle, Tod und Teufel" stattgefunden. Mit diesem Buch dokumentieren wir das Geschehen durch zwei Auswertungen, den Abdruck der Vorträge, Gottesdienstordnungen und Predigten sowie der musikalischen Programme.

Als wir 1998[1] nach einer Zäsur von 15 Jahren die Tage *neue musik in der kirche* wieder initiierten, sollten diese inhaltlich und programmatisch unverwechselbar sein. Es galt, musikalisch und theologisch Position zu beziehen, sich befragen und anregen zu lassen und das Eigene zu finden, zu bewahren, zu behaupten. Deshalb die ebenso griffigen wie tiefgründigen Themen: *Visionen gegen die Zeit* (1998), *Himmel, Hölle, Tod und Teufel* (2000), *Ein Gott, der tötet?* (2002)[2]. Mit dem Versuch, den Blick über den Horizont hinaus zu werfen[3], werden wir Menschen gleichzeitig auf unser (beschränktes) Jetzt und die Tiefen der Vergangenheit verwiesen. Von alters her versucht der Mensch, den Begriff Gottes auf dem Hintergrund seiner Lebenserfahrungen durchzubuchstabieren – und scheitert. Der biblische Gott steht quer zu unseren menschlichen Erfahrungen, er sperrt sich gegen angenehme oder glatte Antworten. Die Kirche weicht der Auseinandersetzung mit den "dunklen Seiten Gottes"[4] heute eher aus, in der Theologie werden solche Ansätze wieder entdeckt[5]. Die Kasseler Tage *neue musik in der kirche* stehen in der Kontinuität eines musikalisch-theologischen Dialogs zu diesen Themen.

Die Veröffentlichung möge diesen Dialog weiterzuführen helfen. Der Theologe *Volker Stümke* hat in seinem umfangreichen Beitrag kompetent die Tagung als Ganzes und die einzelnen Veranstaltungen einer kritischen Auswertung unterzogen. Ergänzend konzentriert sich *Herbert Glossner* auf die Konzerte und die

---

[1]   Corinna Dahlgrün / Hans Darmstadt (Hg.), neue musik in der kirche. Visionen gegen die Zeit, Frankfurt/M. u.a. 1999.

[2]   2002 finden die Tage *neue musik in der kirche* in der Zeit der *documenta XI* vom 20. bis 23. Juni statt.

[3]   Vgl. Hans Blumenberg, Matthäuspassion, Frankfurt/M. 1988, Einleitung.

[4]   Z.B. Walter Dietrich / Christian Link, Die dunklen Seiten Gottes, Bd. 1 und 2, Neukirchen-Vluyn 1995 und 2000.

[5]   Das gilt in besonderem Maße für die katholische Theologie. Im evangelischen Bereich scheint man sich vielerorts an einer neuerlichen kulturprotestantischen Debatte abzuarbeiten.

Werkstattgespräche mit Komponisten und Interpreten. Beiden danken wir herzlich für ihre Mitarbeit.

Ein großer Gewinn ist der Abdruck der vier Vorträge über Jenseitsvorstellungen im Alten Orient und im antiken Judentum (Reinhard Gregor Kratz), des Islam (Bärbel Beinhauer-Köhler), in der Literatur des Mittelalters (Hartmut Freytag) und in der neuzeitlichen Gesellschaft (Corinna Dahlgrün). Den Autoren sei herzlich für die Druckerlaubnis gedankt.

Der Dank gilt auch den Predigern Willi Temme und besonders Albert Gerhards, der im Abschlußgottesdienst den Blick von Teufel, Tod und Hölle auf den Himmel richtete, der freilich nach den unvorstellbaren Greueln des 20. Jahrhunderts "als das ganz andere, Hoffnungsvolle, Zukunftsträchtige nun pervertiert ist"[6]. Auch die beiden Auftragskompositionen der Kantorei an Sankt Martin sind dokumentiert. *Friedhelm Döhl* (Lübeck) und *Reinhard Karger* (Kassel) äußern sich zu Entstehungsprozeß, Konzeption und Komposition. Auch ihnen sei herzlich gedankt.

Daß solche Tage überhaupt stattfinden können, ist alles andere als selbstverständlich. Sie sind ermöglicht worden durch das große Engagement aller Beteiligten, die viel Zeit, Kraft und Phantasie eingebracht haben. Die in Deutschland wohl einmalige Förderung der zeitgenössischen Musik durch eine Evangelische Landeskirche (Kurhessen-Waldeck), die Unterstützung durch das Land Hessen und die Stadt Kassel, durch den Hessischen Rundfunk Frankfurt am Main, durch den Deutschen Musikrat und insbesondere durch namhafte Sponsoren der Region haben dafür gesorgt, daß das Unternehmen finanziell gesichert war und die konkreten Planungen für 2002 beginnen konnten.

Ein letzter Dank gilt dem Peter-Lang-Verlag, der dieses Buch wieder in sein anspruchsvolles Verlagsprogramm aufnimmt.

Kassel, im Oktober 2000

Für die Herausgeber
Hans Darmstadt

---

[6] S.u. S. 145.

Volker Stümke

"... aber die Musici, die bleibt besteh'n"
Eine theologische Auswertung der Tage "neue musik in der kirche 2000"

Himmel, Hölle, Tod und Teufel – diese Worte lösen Assoziationen und Bilder wohl bei den meisten von uns aus. Angesichts der Dominanz der negativ geprägten Begriffe dürften es vornehmlich Bilder des Schreckens sein, die sich einstellen – wobei es hier sehr unterschiedliche Vorstellungen geben wird. Denkbar sind spontane Vergegenwärtigungen fürchterlicher Ereignisse der Gegenwart oder der jüngsten Vergangenheit, die uns von den Medien vorgeführt worden sind und deren Verarbeitung in einem langsameren Tempo vorangeht als die Bilderflut. Denkbar sind ebenso Erinnerungen an geschichtliche Grausamkeiten, die uns nicht loslassen, selbst wenn wir persönlich nicht an ihnen beteiligt waren. Und denkbar sind schließlich Schreckensvisionen der Zukunft, die wir als Menschheit selbst herbeizuführen gedenken oder die jeden einzelnen von uns nach dem Sterben erwarten könnte. Aber vielleicht gibt es daneben auch Bilder von gelungenem Leben, Erinnerungen an vergangenes Glück oder Visionen von einer Zukunft, die uns mit Hoffnung erfüllen – auch wenn es diese Bilder schwer haben, sich gegen die anderen Vorstellungen durchzusetzen.

Mit diesen assoziationsreichen Begriffen beschäftigten sich die Interdisziplinären Tage für Neue Musik und Theologie in Kassel unter der Gesamtleitung von der Theologin Corinna Dahlgrün und dem Kirchenmusiker Hans Darmstadt. "Himmel, Hölle Tod und Teufel" war die Überschrift und die Themenangabe, um die die zahlreichen und vielschichtigen Veranstaltungen vom 15. bis 18. Juni 2000 kreisten. Im Folgenden soll, rückblickend auf diese Veranstaltung, eine Auswertung in theologischer Perspektive geboten werden. Dabei werden zuerst die thematischen Bezugspunkte, die in diesem Band dokumentiert werden, kurz benannt und um die Diskussionsbeiträge ergänzt werden, um so einen Überblick zu erlangen. In einem zweiten Durchgang wird eine systematische Bündelung der thematischen Aspekte vorgenommen werden; wobei es sich selbstverständlich nicht um eine letztgültige Deutung der Ereignisse handelt, wohl aber um den Anspruch, eine Interpretation vorzutragen, die über die Deskription hinausgeht. Es wäre

9

sehr erfreulich und ist das Ziel dieser Auswertung, wenn meine Interpretation zu eigenen, kritischen Stellungnahmen oder zu einer neuerlichen Beschäftigung mit den thematischen Aspekten Anregungen gibt. Denn obwohl die Leitbegriffe assoziationsreich sind, so sind sie doch zugleich für unser Denken nur schwer zugänglich, so daß eine systematische Auseinandersetzung für eine Ertragssicherung unverzichtbar ist. Am Ende wird ein kritischer Ausblick stehen, mit der konstruktiven Absicht, nicht nur einen Schwachpunkt zu benennen, sondern hieraus Impulse abzuleiten für weitere Interdisziplinäre Tage, denn – das kann schon hier klar betont werden – sowohl das Konzept dieser Veranstaltung wie die thematischen Bezugspunkte sind nach meiner Überzeugung für die Theologie wie für die Kirchenmusik weiterführend.

1. Die thematischen Schwerpunkte
Das Programm der Interdisziplinären Tage war übersichtlich strukturiert. Die beiden ersten Vormittage waren für die theologische Auseinandersetzung vorgesehen, die beiden Nachmittage waren für das Gespräch mit beteiligten Musikern und Komponisten reserviert, und an den drei Abenden fanden musikalische Veranstaltungen statt. Zwei Gottesdienste bildeten den Rahmen, sie eröffneten und beschlossen die vier Tage. Dazwischen gab es genügend Freiraum, um die Gedanken baumeln zu lassen, die Anregungen zu überdenken oder auch schlicht sich zu stärken.

1) Die theologische Beschäftigung mit dem angekündigten Thema fand in der Form von Befragungen statt. An beiden dafür vorgesehenen Vormittagen waren jeweils zwei ausgewiesene Experten eingeladen zu Vortrag und Diskussion. Um es gleich vorweg zu nehmen: Alle vier Vorträge waren ein Gewinn für die Kasseler Tage. Die eingeladenen Fachfrauen und Fachmänner erwiesen sich nicht nur als äußerst profunde Kenner ihrer Disziplin, sie verstanden es zudem, ihr Wissen in spannender, zur Diskussion anregender Form zu präsentieren. Moderiert wurde die Befragung in souveräner Weise vom damaligen Dekan von Kassel-Mitte und jetzigen Bischof von Kurhessen-Waldeck (Martin Hein); eine solche prominente Besetzung ist eine Ehre für die Tagung und spricht wohl auch für das hohe Niveau dieser Veranstaltung.

10

a) Den gemeinsamen Bezugspunkt aller Vorträge bildete das Stichwort "Jenseits-welten" – eine erste Irritation. Denn hinter diesem weiten Begriff verschwindet die deutlichere Überschrift, die provozierende Aufreihung konkreter biblischer und religiöser Begriffe wird wissenschaftlich neutralisiert: aus Himmel, Hölle, Tod und Teufel sind Jenseitswelten geworden. Aber vielleicht ist es auch nötig gewesen, die für wissenschaftliches Nachdenken förderliche Distanz zu den un-mittelbaren Assoziationen schon in der Überschrift zum Ausdruck zu bringen. Je-doch fällt zumindest die Auseinandersetzung mit dem Teufel dieser Modifikation zum Opfer, denn sicher kann man Himmel und Hölle als Jenseitswelten bezeich-nen und ebenso könnte man den Tod (nicht das Sterben) hier subsumieren, zumal dann, wenn man ihn als definitives Ende dieser Welt ansieht – der Teufel ist hin-gegen keine Welt, sondern ein personifiziert vorgestelltes Wesen. Die harmlosere Überschrift erspart die Auseinandersetzung mit dieser Vorstellung.

b) Eine weitere Gemeinsamkeit bestand für die drei ersten Vorträge (Reinhard G. Kratz, Bärbel Beinhauer-Köhler und Hartmut Freytag) darin, daß sie nicht die Jenseitswelten an sich thematisierten, sondern deren Rolle im Glauben – sei es Is-raels und des Alten Orients, sei es des Islam oder des christlichen Abendlandes – untersuchten. Dieses Einräumen einer historisierenden Zwischeninstanz hatte erhebliche Konsequenzen, die man bis in die Diskussion hinein spüren konnte: Alle drei Akademiker konnten sich als letzten Bezugspunkt auf einen Glauben von anderen zurückziehen, sie konnten damit jedoch einer normativen Bewertung dieser Vorstellungen ausweichen. Man bot – noch einmal: auf sehr hohem Niveau und in sehr ansprechender Form – Informationen, man beschrieb Anschauungen, die nunmehr aber im doppelten Sinn "weit weg" waren: zum einen im Jenseits, zum anderen in den Glaubensvorstellungen anderer Menschen zu anderen Zeiten. Die Reaktion des Publikums in der Diskussion war eine doppelte. Einesteils ver-suchte man, das eigene Wissen zu profilieren (durch Statements vorzustellen oder durch Sachfragen zu erweitern). Da diese Äußerungen direkt befriedigt worden sind, müssen sie hier nicht wiederholt werden. Anderteils wurde den referierten Beschreibungen normative Gültigkeit unterstellt, man versuchte nunmehr, die Frage nach der gegenwärtigen Verwendbarkeit dieser Anschauungen aufzuwerfen. Hierbei hatten die Herren Kratz und Freytag einen deutlichen Vorteil gegenüber Frau Beinhauer-Köhler, weil ihre Themen zumindest wirkungsgeschichtlich (das

Alte Testament, das christliche Mittelalter) mit unserem Glauben und unseren Vorstellungen verbunden werden konnten.

So wurde Kratz mehrfach mit moralischen Bewertungen der altorientalischen Todesvorstellung konfrontiert, die in einem Vergleich mit den biblischen Anschauungen schlechter abschnitten: Die "moralische Protzerei" der Bekenntnisse ägyptischer Totentexte mit den guten Werken der Toten wurde in zwei Diskussionsbeiträgen der christlichen Demut gegenübergestellt, die in den Buß- und Schuldbekenntnissen der entsprechenden christlichen Texte zu finden sei. In einer anderen Wortmeldung wurde die "Dekadenz" einer Vergottung nur des (ägyptischen) Königs herausgestrichen; dies sei eine "Degeneration" eines ursprünglicheren Glaubens an eine allgemeine Auferstehung eben auch des Volkes und nicht nur der Herrscher. Und Freytag wurden von mehreren Diskutanten die Gleichnisse Jesu entgegen gehalten, die weitaus befreiender über das Jenseits sprächen als die mittelalterliche Literatur, die er vorgestellt hatte. Ferner wurde er nach den sozialethischen Impulsen gefragt, die den mittelalterlichen Jenseitswelten entsprängen, nach dem Rückbezug des ersehnten Himmels auf die Gestaltung irdischen Lebens.

Diese Fragen weisen auf das Bedürfnis, deskriptives Wissen über den Glauben anderer nicht nur präsentiert zu bekommen, sondern es mit dem eigenen, gegenwärtigen Glauben zu verbinden. Die Zeiten, in denen der Verweis auf die biblische oder christliche Herkunft einer Vorstellung ausreichte, um deren Gültigkeit zu belegen, sind nun einmal vorbei – das ist allen Beteiligten klar. Daher wurden der Glaube der anderen und seine Vorstellungen von den Referenten nur beschrieben. So hob Kratz in der Diskussion hervor, daß der biblische Gott Jhwh "nicht immer Herr über den Tod" war: "Daß Jhwh in das Totenreich eindringen konnte und Herr über Leben und Tod werden konnte, ist eine späte Entwicklung." Aber welche Relevanz hat diese wissenschaftliche Beobachtung, gewonnen aus einer präzisen Analyse alttestamentlicher Texte, für den christlichen Glauben an den biblischen Gott, für die Hoffnung auf eine Auferstehung? Reicht ein solcher deskriptiver Umgang insbesondere mit Jenseitsvorstellungen aus, bei denen die Diskrepanz zwischen Assoziationsreichtum einerseits und Problemen mit der vernünftigen Rekonstruktion andererseits besonders groß ist? Müssen solche Vorstellungen nicht fremd bleiben, selbst wenn sie uns wirkungsgeschichtlich beeinflußt haben sollten, weil sie unserer Vernunft fremd (geworden) sind? In seinem

Abschlußvotum unterstreicht Kratz, daß nicht nur der Teufel, sondern auch der Glaube und sogar Gott selbst uns "nur noch in der Brechung der Vernunft" zugänglich seien. Dieser Gegenwartsanalyse kann vorbehaltlos zugestimmt werden. Aber gerade dann stellt sich die Frage, welche Konsequenzen dieser Befund für unseren gegenwärtigen Umgang mit den biblischen Texten und Vorstellungen, für den Rückbezug unseres gelebten Glaubens auf die Bibel haben könnte – und diese Frage blieb leider (nicht nur bei Kratz) unbeantwortet.

Der Negativbefund in der Diskussion nach dem Vortrag von Beinhauer-Köhler bestärkt diese Anfrage: Hier wurden zum einen die Bestattungsriten erfragt, weil es bei uns inzwischen Probleme gibt auf Friedhöfen[1], zum anderen wurde der Frageengel im Jüngsten Gericht als Druckmittel bei der Aufklärung des Spendenskandals in Hessen empfohlen und drittens wurde eine "fundamentalistische" Grundausrichtung der Mehrheit der Muslime festgehalten: Sie würden die Koransuren wörtlich verstehen und vor allem als verbindlich ansehen. Es blieb unklar, welche Impulse eine gegenwärtige Beschäftigung christlicher Theologie mit den "Jenseitswelten" von einer Beschreibung dieser Vorstellungen im Islam auch nur erwarten könne. Eine wirkungsgeschichtliche Linie läßt sich wohl kaum ziehen, zumal der Islam seinerseits traditionsgeschichtlich den biblischen Befund verarbeitet hat. So gelungen der Vortrag dieser profilierten Religionswissenschaftlerin auch war und so hoch es ihr anzurechnen ist, daß sie mitten im Habilitationsprozeß stehend sich die Zeit genommen und die Mühe gemacht hat, ihre Erkenntnisse zur Diskussion zu stellen – der Bezug zum Thema war nicht profiliert genug; ein Vorwurf, der allerdings keinesfalls Beinhauer-Köhler treffen soll, sondern vielmehr als kritische Anfrage an die Programmgestalter zu verstehen ist. Was verbarg sich hinter dieser Schwerpunktsetzung, das mehr war als nur "political correctness" angesichts einer multikulturellen Situation, die aber gerade nicht ernst genommen wird, wenn man die normativen Probleme ausklammert?

c) Der vierte Vortrag (Dahlgrün) handelt der Überschrift zufolge nicht vom Glauben, sondern von der neuzeitlichen Gesellschaft. Dies könnte man zunächst da-

---

[1] Die Problematik hängt daran, daß es in Deutschland Friedhofspraxis ist, eine Grabstelle nur zeitlich befristet mit einem Toten zu belegen. Der Islam hingegen fordert, daß der Tote ewiges Ruherecht genieße. Das impliziert eine unbefristete Belegung der Grabstelle und hätte in der Zukunft die Folge, weitaus mehr Friedhofsplätze bereitstellen zu müssen.

hingehend deuten, daß für die Moderne eben nicht mehr ein positiver, durch bestimmte Inhalte geprägter Glaube, sondern die individuelle Autonomie kennzeichnend sei; und dies ist sicherlich ein Aspekt, der dem Vortrag auch gerecht wird. Einen weitaus markanteren Unterschied zu den vorangegangenen Erläuterungen erblicke ich jedoch darin, daß die Vortragende dezidiert die deskriptive Ebene am Ende ihres Vortrags verlassen und normative Argumente vorgetragen hat. Sie hält zunächst fest, daß die Jenseitswelten im modernen Film und damit vielen Menschen durchaus präsent sind. Als kritischen (und damit normativen) Ertrag formuliert sie, daß diesen Filmen der Bezug auf Gott fehle. Das Jenseits sei eine Prolongierung US-amerikanischer Bürgerlichkeit, weil die Korrektur durch den jenseitigen Gott fehle.

An diesen Vortrag knüpfte sich eine bemerkenswerte Diskussion an, die den normativen Impuls aufnahm und kritisch hinterfragte. Zunächst wurde der Eindruck betont, daß die filmischen Jenseitswelten im Vergleich zu denen der Bibel deprimierend und erbärmlich seien. Die Filme stellten ruhig, aber von ihnen gingen keine Impulse aus, wie dies bei den Gleichnissen Jesu der Fall sei. Jedoch, so lautete der erste Einwand, auch die Gleichnisse Jesu redeten vom Reich Gottes ohne den Bezug auf Gott, vielmehr rein innerweltlich. Die Sprengkraft dieses Einwandes leuchtet nicht sofort ein, schließlich kann man ihm entgegnen, daß Jesus damit nur den Regeln einer Definition folge, wonach der zu definierende Begriff (Reich Gottes als definiendum) in der Definition selbst nicht verwendet werden dürfe (das Gleichnis als definiens). Handelt man hingegen von Jenseitswelten, dann entfällt dieser Vorwurf. In einer zweiten Fassung wurde das Argument allerdings noch stärker vorgetragen: Wäre der Rekurs auf Gott in solchen Filmen nicht noch schlimmer als der Verzicht auf diese Figur, weil man somit Gott selbst funktionalisieren würde? Dieser Einwand deckt präzise eine Schwäche in der Argumentation von Dahlgrün auf; ihr Rekurs auf (den fehlenden) Gott hat den biblischen Gottesgedanken im Hinterkopf, jedoch nicht hinreichend analysiert, daß dieser (lebendige) Gott den Filmemachern nicht zur Verfügung steht. Die Zurückhaltung der Filme gegenüber einem personhaft auftretenden, aktiven Gott könnte daher sogar affirmativ als (bewußte oder unbewußte) Beachtung des Bilderverbots im Alten Testament gedeutet werden.

Allerdings hat Dahlgrün in ihrer Replik auf diesen Einwand diese argumentative Schwäche erkannt und souverän behoben, indem sie die Vermittlungsinstanz benannte, für die der biblische Gottesgedanke bei ihr einstand und die so weit formalisierbar ist, daß sie auch Filmemachern zuzumuten sei (und zudem nicht dem ersten Gebot widerspricht): Der Gott habe die Funktion, den Menschen zu begrenzen. Als solche Grenze müsse er nicht eigens profiliert sein, sondern nur dafür einstehen, daß dem Menschen Grenzen gesetzt seien. Nicht der Lebendige, sondern der Gottesbegriff sei also gemeint. Greift die Göttinger Theologin hiermit auf einen ihrer Vorgänger zurück, der einer säkularisierten Welt empfahl, im "fragenden Nichtwissen um das Ganze" zu verharren, um nicht einem totalitaristischen Säkularismus zu verfallen[2]? Jedenfalls habe das Fehlen eines solchen anthropologischen Korrektivs nach Dahlgrün die Folge, daß der Mensch nun auch die Jenseitswelten sich erobere, also mit Beschlag belege. Der Mensch habe nun die Macht, das Aussehen des Jenseits wie die Zugangsbedingungen selbst zu definieren. Seine Vorstellungen von Gerechtigkeit, Gnade und Weisheit wären nunmehr bestimmend – aber die seien teilweise defizitär, teilweise erschreckend, wofür der biblische Sündenbegriff einstehe. Nicht das ehrfürchtige Schweigen von Gott, vielmehr das selbstherrliche Besetzen seiner Position durch nichts sei das kritische Resümee ihrer Filmanalyse.

Flankiert wurde diese Auseinandersetzung durch ein weiteres starkes Argument, das die Banalisierung der biblischen Aussagen in der filmischen Umsetzung monierte. Der von Dahlgrün sehr pointiert hervorgehobene Zuschnitt dieser Filme auf den US-amerikanischen Bürger wurde dahingehend ergänzt, daß eine inhaltliche Beliebigkeit und Austauschbarkeit die filmischen Jenseitsaussagen kennzeichne. Das abschließende Statement von Hein lautete: "Ich empfinde die Chiffren, mit denen wir uns in diesen zwei Tagen auch hier beschäftigt haben - Himmel Hölle, Tod und Teufel - ungemein banalisiert". Daß es hierbei um Leben und Tod gehe, werde verharmlost, indem alles gleichsam mit einem Augenzwinkern erzählt werde. Die Ernsthaftigkeit der Begegnung mit (dem biblischen) Gott fehle. Dieser Analyse konnte auch Dahlgrün nur zustimmen. Aber ist der statt dessen zu registrierende platte Moralismus, von dem Dahlgrün berichtet, nicht nur die Rückseite derselben Medaille, auf deren Vorderblatt der Verlust der Jenseitswelten steht?

---

[2] Vgl. Friedrich Gogarten, Verhängnis und Hoffnung der Neuzeit. Die Säkularisierung als theologisches Problem, Stuttgart [2]1958 [1953], 139.

2) Nicht nur die theologischen Diskussionen, auch die Gottesdienste und die Konzerte waren um das Thema zentriert, auch sie gaben Impulse für die Beschäftigung mit Himmel, Hölle, Tod und Teufel. Dabei kann es in dieser Übersicht nur um die gedanklichen Impulse für die theologische Beschäftigung mit dem Thema gehen, die von ihnen ausgingen, eine Analyse der musikalischen Aspekte wird von kompetenter Seite durch Herbert Glossner beigesteuert.

a) Alle gottesdienstlichen Veranstaltungen haben die Thematik in ausgewählter Bündelung zur Sprache gebracht. Der Eröffnungsgottesdienst setzte sich musikalisch wie homiletisch mit der Versuchungsgeschichte Jesu nach Lk 4,1-13 und damit mit dem Teufel auseinander. Der Text war Lesung und Grundlage der Predigt, die von Willi Temme gehalten wurde, er bestimmte aber auch die Auswahl der Lieder: Das Eingangslied EG 124 (Nun bitten wir den Heiligen Geist) nimmt den Geist als die Hintergrundfigur der Geschichte wahr, als Fadenzieher – und Zuarbeiter für den Teufel; das Predigtlied EG 341 (Nun freut euch, liebe Christeng'mein) blickt zurück auf die bestandene Versuchung Jesu und zieht den Ertrag für die ihm nachfolgenden Christen. Schließlich greifen die musikalischen Meditationen "Ante Portas", die mit der Lesung alterierten, Gefühle auf, die man auch in den Abschnitten der Versuchungsgeschichte wiederfinden kann.

Die Mittagsgebete haben die Themen Tod und Hölle, die auch in den theologischen Befragungen zuvor (als Jenseitswelten) besprochen worden sind, aufgegriffen und durch Psalm und neutestamentlichen Text wie durch die Liedauswahl weiter geführt. Die meditative Stimmung in dieser Viertelstunde war zudem ein gelungener Kontrast zu den geistigen Anstrengungen des Vormittags.

Dem Abschlußgottesdienst war es vorbehalten, den einzigen positiven Leitbegriff der Tage, den Himmel, gedanklich und meditativ zu entfalten. Textgrundlage war der Vers aus 2 Kor 5,1: "Ein Haus, nicht mit Händen gemacht, das ewig ist im Himmel". Dem Sonntag Trinitatis entsprechend hat die Predigt in diesen Himmel eine Besinnung auf Gott selbst und auf unser gegenwärtiges Reden von und Hoffen auf Gott einbezogen – eine eindrucksvolle Ansprache des katholischen Theologieprofessors Albert Gerhards, deren theologische Impulse noch zu würdigen sein werden, die aber in ihrem Geistesreichtum nicht wiedergegeben werden, sondern auf die man nur als bereichernde Lektüre verweisen kann. Wie die Predigt so hat auch das Gloria von Darmstadt und Dahlgrün dafür gesorgt, daß eine gegenwärtige Besinnung auf den Himmel keine eskapistischen Züge annimmt, sondern auf dem Hintergrund von Haß und Krieg geschieht. Die menschliche Sehnsucht nach Frieden und das vorsichtige Andeuten von Gegenerfahrungen, deren Unangeschlossenheit und Labilität durch das "und" als letztem Wort des Gloria betont werden, sollen hier einen Pfad weisen.

b) Die musikalischen Impressionen der Konzerte haben hingegen einen zwiespältigen Eindruck hinterlassen – ausschließlich ihren Bezug auf die Leitthematik betreffend. So war es ernüchternd, von den vier Komponisten, deren Orgelstücke am Freitag uraufgeführt worden waren (Gerald Eckert, Eberhard Hüppe, Andreas Gürsching, Kilian Schwoon), in der Werkstattveranstaltung am Sonnabendnachmittag zu erfahren, daß ihre Werke keinen Bezug zur Thematik hatten, ja daß sie noch nicht einmal über das Leitthema der Veranstaltung informiert waren. Völlig abgesehen vom musikalischen Wert dieser Aufführung muß diese Konstellation aus der Perspektive einer theologischen Auswertung moniert werden.

Davon abgehoben werden muß der verzweifelte Versuch des Moderators (Klaus Röhring), zumindest über das Instrument Orgel einen religiösen Bezugspunkt aufzudecken. Dieser Versuch scheiterte, weil die Mehrzahl der Komponisten, im Unterschied zu früheren Vertretern neuer Musik, nicht einmal mehr gegen die kirchliche oder religiöse Aura, sei es der Orgel, sei es des Kirchenraumes, ankämpften, wie es wohl bei den früheren Veranstaltungen in Kassel (vornehmlich in den 70er Jahren) der Fall gewesen war, sondern schlicht Gleichgültigkeit gegenüber dieser Thematik dokumentierten. Vielmehr seien, so Eckert, jeder Konzertsaal und jedes Instrument eine spezifische Herausforderung für einen Komponisten; es gelte, die "Aura des Raumes als akustischem Raum" zu berücksichtigen, denn jeder Raum erzeuge seine eigenen akustischen Bedingungen. Gürsching beschreibt sein Interesse an der Orgel als einem "merkwürdigen Instrument", näherhin bestehe diese Merkwürdigkeit darin, daß "das Verhältnis von Expression und Erzeugung des Klanges so ganz komisch abgekoppelt ist". Für Hüppe handelt es sich zwar um eine "philosophische Diskussion über das Verhältnis von Raum und Ort", aber diese Frage verfolgte er nicht, statt dessen beschrieb er das "Komponieren mit Oktaven" als seinen Ansatz und als die spezifische Herausforderung seines Stückes. Schwoon schließlich, von Röhring besonders massiv mit der Ausgangsfrage konfrontiert, zog sich zunächst darauf zurück, daß seine Stücke Phantasien freisetzen sollten, über die er nicht zu bestimmen gedenke, um dann das Hydraulische der Orgel zu beschreiben, das für sein Stück ausschlaggebend gewesen sei. Alle Komponisten haben den liturgischen Bezug über Kirchenraum wie Kircheninstrument nicht hergestellt, sondern ihn lediglich als Assoziation des Zuhörers zugestanden.

Für diese Ehrlichkeit gebührt den Komponisten Dank, weil solche Klarheit weitaus hilfreicher sein kann als ein gekünsteltes Interesse, das nicht mehr emotional oder mental gedeckt wäre. Die viel beschriebene Säkularisierung hat inzwischen also auch das Gebäude Kirche und das Instrument Orgel erreicht, man kann demzufolge eine volkskirchliche Prägung auch bei Kirchenmusik nicht mehr ohne weiteres voraussetzen; vielmehr müssen die religiöse Verhaftung des Komponisten wie seine kompositorischen Intentionen offen erfragt werden. "Räume können liturgisch entkleidet worden sein" – so der Organist Andreas Jacob. Das beschneidet zwar keineswegs die Assoziationen der Hörer, wohl aber beschreibt es den vorangeschrittenen Säkularisierungsprozeß. Während für die vorige Generation der Kirchenraum noch eine religiöse Aura hatte, die man gegebenenfalls bekämpfen mußte, so ist dieser Kampf zumindest für die in Kassel anwesenden Komponisten Geschichte geworden, die religiöse Aura also inzwischen beseitigt, besiegt worden. Es bleibt zu hoffen, daß dieser vielleicht ernüchternde Impuls nicht klerikal zugeschüttet oder harmonistisch relativiert wird, sondern als Anregung zur Überprüfung althergebrachter Denkschemata verstanden wird.

Demgegenüber war die Musiknacht nicht nur in musikalischer, sondern auch in theologischer Hinsicht überreich an Impulsen und thematischen Bezügen. Die zuerst zur Aufführung gebrachten "Szenisch-konzertanten Phantasien" des ensemble v.act aus Stuttgart waren als Totentanz konzipiert. Nicht nur szenisch war der Tod (verkörpert von Anja Metzger) ständig präsent, auch die aufgeführten Stücke kreisten um den Tod und um das vom Sterben bedrohte menschliche Leben; eine äußerst eindrucksvolle Darbietung. Auch die beiden uraufgeführten Stücke "Komm, o Tod, du Schlafes Bruder" (Reinhard Karger) und das "Requiem 2000" (Friedhelm Döhl) hatten, wie schon der Titel verrät, einen klaren thematischen Bezug. Und auch in der Filmnacht wurde der Tod bedacht, so daß die musikalischen Eindrücke vor allem den Tod betrafen.

2. Eine systematisch-theologische Bündelung
Welche theologischen Impulse haben Musik wie Vorträge zur Thematik beige-

steuert? Zur Beantwortung dieser Frage soll auf die vier Leitbegriffe zurückgegriffen werden - allerdings in der Reihenfolge, in die sie auch im Programmablauf gestellt worden waren – ergänzt durch einen weiteren Begriff, das Jüngste Gericht, der als heimlicher Bezugspunkt in manchen Äußerungen zu greifen war. Eine systematisch-theologische Bündelung hält sich ansonsten aber nicht an die Reihenfolge der Veranstaltungen, sondern greift exemplarisch Argumente und Szenen heraus, von denen ich überzeugt bin, daß sie maßgebliche Aussagen beigesteuert haben. Hiermit ist klar, daß eine solche Bündelung subjektiv ist; aber sie beansprucht, nicht beliebig zu sein, sondern eben entscheidende Momente herausgegriffen zu haben. Damit verträgt es sich, daß weitere wichtige Impulse ergänzt werden können, die ich übersehen oder falsch gewichtet habe. Sollte ich hingegen Argumente konstruiert, Szenen fehlinterpretiert oder Nebensächlichkeiten überbewertet haben, so wäre dies ein Grund zur berechtigten Kritik und könnte nicht durch Rekurs auf meine subjektiven Eindrücke abgewiesen werden.

1) Es gehört zu den Errungenschaften der europäischen Aufklärung, die "Abschaffung des Teufels im 18. Jahrhundert"[3] initiiert zu haben: "Gott sei ewig Lob und Ehr, wir haben keinen Teufel mehr. Ei, wo ist er denn geblieben? Die Vernunft hat ihn vertrieben" (zitiert von Hein in der Diskussion mit Kratz). Seither führt der Teufel im Christentum ein Schattendasein, nur noch in einigen Sekten und als Metapher existiert er. Sicherlich war es nicht das Ziel der Interdisziplinären Tage, eine "Auferstehung" des Teufels zu betreiben, weder will man hinter die Neuzeit zurück, noch ist der Teufel eine attraktive Gestalt für den christlichen Glauben[4]. In diesem Sinn hob Kratz hervor, daß der Teufel schon

---

[3] Vgl. Heinz Dieter Kittsteiner, Die Abschaffung des Teufels im 18. Jahrhundert. Ein kulturhistorisches Ereignis und seine Folgen; in: Die andere Kraft. Zur Renaissance des Bösen, hg. von Alexander Schuller und Wolfert von Rahden, Berlin 1993, 55-92.
[4] Vgl. Karl Barth, Die Kirchliche Dogmatik III/3 (Die Lehre von der Schöpfung), Zürich 1950, 609: "Wüste Sachen soll man, wie real sie immer sein mögen, nicht zu lange anschauen, nicht zu genau studieren, nicht zu intensiv in sich aufnehmen. Es hat noch keinem gut getan – dem großen Martin Luther (und gerade ihn!) nicht ausgenommen -, den Dämonen (sie drängten sich für Luther in der Regel in einer einzigen Figur, dem Teufel, zusammen) allzu häufig, allzu lange, allzu feierlich, allzu prinzipiell und systematisch in die Augen zu blicken. Den Dämonen imponiert man nämlich damit nicht im Geringsten, wohl aber besteht die dringende Gefahr, daß man darüber selbst ein bißchen – und vielleicht nicht einmal nur ein bißchen – dämonisch werden kann. Darauf

im Alten Testament ein Randphänomen sei, als Protagonist der Höllenstrafen sei er das letzte Überbleibsel der Unterwelt, die in der Geschichte des israelitischen Glaubens zurückgedrängt worden sei. Dementsprechend scheint mir das entscheidende Motiv der Veranstalter für eine Thematisierung des Teufels nicht eine Dämonologie gewesen zu sein, sondern vielmehr der auch bei Martin Luther betonte Gedanke eines gegenwärtigen Kampfes gegen das Böse[5], das manifest in der Welt zu finden ist. Auch wenn der Teufel als personifizierte Gestalt in die Mottenkiste gehört, so sind damit nicht die Übel und die Schuld wegerklärt, die gerade das 20. Jahrhundert geprägt haben[6] – schon hier sei hingewiesen auf die starke Bezugnahme auf jüdische Stimmen, die im Ausblick eingehender untersucht werden wird.

Zur Explikation dieser These möchte ich auf den Eröffnungsgottesdienst eingehen. Die Predigt über die Versuchung Jesu hat den christologischen Kerngehalt der Perikope in den Vordergrund gestellt. Der Prediger Temme hat sich erfreulicherweise nicht als Aufklärer verstanden, der meint, das unwissende Volk über die Nichtexistenz des Teufels belehren zu müssen. Sondern er hat sich als Verkündiger verstanden, der die evangelische Botschaft für die Gemeinde zur Sprache brachte. In gut lutherischer Tradition hat er sich nicht zu viel mit dem Teufel beschäftigt, sondern von der Überwindung des Teufels durch Jesus und den Geist gesprochen. Wie in der hermeneutischen Theologie, so erscheint auch in der mit

---

warten ja die Dämonen speziell in der Theologie am eifrigsten: daß man sie furchtbar interessant finde und eben – womöglich systematisch – ernst nehme. [...] Es geht nicht darum, sie leicht zu nehmen, es geht aber darum, sie so kurz zu behandeln, wie es ihrem Wesen nach zukommt. Gerade ein kurzer, scharfer Blick darauf ist für sie nicht nur genügend, sondern auch das einzig Richtige".

[5] Vgl. Martin Luther, Die Invocavitpredigt am Dienstag nach Invocavit, den 11. März 1522: "Nein, ein jeglicher muß für sich stehen und gerüstet sein, mit dem Teufel zu streiten: Du mußt Dich auf einen starken, klaren Spruch der Schrift gründen, da Du bestehen kannst. Wenn Du den nicht hast, so ist es nicht möglich, daß Du bestehen kannst, der Teufel reißt Dich hinweg wie ein dürres Blatt" (zitiert nach: Luther deutsch: die Werke Martin Luthers in neuer Auswahl für die Gegenwart, hg. von Kurt Aland, Bd. 4: Der Kampf um die reine Lehre, Göttingen 1991, 71 = WA 10 III, 22f.).

[6] Vgl. Hermann Häring, Das Böse in der Welt. Gottes Macht oder Ohnmacht?, Darmstadt 1999. Er hält fest, daß man Schuld zwar verdrängen oder sich zu ihr bekennen, daß man sie aber keinesfalls verrechnen könne. "Angemessen läßt sich von ihr [...] nur in engagierter, verbindlicher und bekennender Sprache reden" (93).

Bedacht formulierten Predigt Jesus zugleich als Zeuge und Grund des Glaubens[7]. Der zuvor getaufte Jesus ist nun mit dem notwendigen Glauben ausgestattet, mit dem er dem Teufel widerstehen kann; der von ihm gegen die Versuchungen bezeugte Glaube ist stärker als der Teufel. Die Schilderung Jesu erinnerte mich teilweise an den jungen Siegfried des Nibelungenliedes, der nach seinem Bad im Drachenblut ebenso unverwundbar war, wie es der hier geschilderte Jesus nach der Taufe im Jordan ist. Zugleich wird der Sieg Jesu über den Teufel zur Grundlage unseres Glaubens, der von der Endgültigkeit dieses Sieges Jesu profitiert. Das "ein für allemal" des Heilswerkes Christi bezieht der Prediger eben nicht nur auf den Opfertod am Kreuz, der alle weiteren Opfer ad absurdum führt (vgl. Hebr 9,26), sondern auch auf die bestandene Versuchung, die keine weiteren Anfechtungen zuläßt.

Unerklärt bleibt bei dieser gut evangelischen Predigt der Anstoß, den der Predigttext selbst bietet, indem er davon spricht, daß der Teufel Jesus nur "eine Zeitlang" in Ruhe ließ. Der Prediger spricht von einer dunkel gebliebenen Stelle, die überstrahlt wird vom hellen Schein, der von Gott als liebendem Vater ausstrahlt. Aber wird hier nicht etwas wegrationalisiert, eine Bedrohung verharmlost – so wie im Eingangsteil der Predigt die gefährliche Wüste zu einem faszinierenden Ort abgeschwächt wird? Nach der Predigt hat es den Anschein, als ob Jesus durch seine einstmalige und einmalige Standfestigkeit für alle Zeit und alle Christen das Böse abgeschafft habe. Der Christ steht gleichsam außerhalb des geschilderten Geschehens, er ist der Zuschauer, der sich von den herrlichen Pflanzen und faszinierenden Lichtern der Wüste ebenso wie von dem grandiosen Sieg Jesu beeindrucken läßt, denn als Zuschauer ist er selbst der bedrohlichen Macht der Wüste nicht ausgesetzt. Der Christ ist nicht selbst in den Kampf mit dem Bösen verwickelt, vielmehr war dieser Kampf in der Wüste eine Privatangelegenheit Jesu.

Nicht die von der Predigt übernommene Abschaffung des Teufels gibt also Anlaß zur kritischen Rückfrage, sondern die damit verbundene Verharmlosung des Bösen zu einer historischen Reminiszenz, deren gegenwärtige Wirklichkeit aus dem Blick gerät. Gegen diese Tendenz der Predigt hat bereits im Gottesdienst selbst

---

[7] Vgl. Gerhard Ebeling, Das Wesen des christlichen Glaubens, Tübingen ⁴1977 [1959], 40ff.

die Orgel Einspruch erhoben, indem sie den Gemeindegesang durch penetranten Lärm bekämpfte. Es waren die alten Lieder, voll der evangelischen Botschaft, die durch das Dröhnen der Orgel zu einem aktuellen Bekenntnis gewandelt wurden: "Du wertes Licht, gib uns deinen Schein, lehr uns Jesus Christ kennen allein" (EG 124,2) – dieser Vers, den auch die Predigt auf ihre Weise verkündigte, wurde zur Herausforderung, das Kennen Jesu durch das Singen der bekannten Melodie gegen ein Getöse zu aktualisieren, das mich an den technischen Lärm des Alltags, an Straßen und Baustellen, an Faxgerätanschlüsse und Zahnarztbohrer erinnerte. Die Aufforderung Jesu, sich an ihn zu halten, um so nicht durch den Feind von ihm getrennt werden zu können (vgl. EG 341,7[8]), wurde zu einer spürbaren Aufgabe, weil der böse Feind diesen Bekenntnisakt hörbar störte. Hier war der einzelne Christ gefordert, ohne daß das Heilswerk Jesu relativiert oder unterlaufen werden sollte.

Welche theologischen Impulse ergeben sich aus diesem Gottesdienst für ein gegenwärtiges Reden vom Teufel? Eingefordert wurde durch die Orgel, den Charakter des Glaubenslebens als Kampf gegen das Böse wieder ins Bewußtsein zu rufen. Dieser Impuls steht nicht im Widerspruch zur Predigt, die ebenfalls betonte, daß der Glaube unabdingbare Voraussetzung sei, um diesen Kampf bestehen zu können. Allerdings handelt es sich um eine Gewichtsverlagerung, wenn nicht mehr nur das christologische Perfekt, sondern eben auch die eschatologische Dimension dieses Geschehens stärker beachtet wird; zu deutsch: Es soll nicht mehr nur die Heilstat Christi, sondern auch der Kampf gegen das Böse, das in unserer Gegenwart spürbar ist, theologisch bedacht werden.

Das Böse als erfahrbare Realität steht allerdings im Widerspruch zur biblischen Rede von Gott als dem liebenden Vater – diese Spannung ist von der Predigt klar benannt worden. Jedoch überzeugt weder der Versuch der Predigt, diese Spannung einseitig aufzulösen mit Hilfe hermeneutischer (dunkle Stelle) und christologischer Argumentationen. Noch sind die theologischen Theorien, die das Böse entweder der Rückseite Gottes oder dem Menschen, sei es seiner Freiheit und

---

[8]   Die Strophe, die nach der Predigt gesungen wurde, lautet: "Er sprach zu mir: Halt dich an mich, es soll dir jetzt gelingen; ich geb mich selber ganz für dich, da will ich für dich ringen; denn ich bin dein und du bist mein, und wo ich bleib, da sollst du sein, uns soll der Feind nicht scheiden."

Eigenverantwortlichkeit, sei es seiner Unfreiheit und gesellschaftlichen oder onto-
genetischen Prägung, zuschreiben, derart gelungen, daß die Spannung als verstandene akzeptiert werden könnte[9]. Zu stark protestiert die Erfahrung gegen solche
Erklärungsversuche – und das unbeschadet aller Einsicht in die Deutungsabhän-
gigkeit von Erfahrung. Diese Spannung theologisch auszuhalten und nicht vorschnell abzuschwächen zu Lasten des gelebten Glaubens und seiner Erfahrungen
ist der erste Impuls, der von den Kasseler Tagen ausgeht.

Aber das Defizit in der Erklärung des Bösen spricht keinesfalls für eine Repristi-
nation eines mythologischen Dualismus, denn die aufgeklärten Gegenargumente
sind noch lange nicht entkräftet. Vor allem aber würde die behauptete Existenz
eines Teufels die Erfahrung des Bösen zwar vordergründig erklären, jedoch ver-

---

[9] Es gibt unterschiedliche Theorien zur Erklärung der Herkunft des Bösen, die aber allesamt
nicht befriedigen können. Auf der einen Seite kann man versuchen, das Böse bei Gott anzusie-
deln. Will man hierzu nicht auf einen strikten Dualismus zurückgreifen, der den Gottesbegriff
sprengen würde, so bleibt erstens die Möglichkeit, dem Bösen einen Sinn zuzusprechen (hierzu
könnte man auf Naturanalogien bauen: das vermeintlich böse Töten der Beute dient dem Überle-
ben) und zweitens die Privationstheorie, wonach das Böse nur der Mangel des Guten sei. Auf der
anderen Seite kann man versuchen, das Böse dem Menschen zuzuschreiben. Auch diese Erklärung
kann man erstens unter Rückgriff auf Naturanalogien plausibilisieren (bspw. den Aggressions-
trieb), zweitens mit der spezifischen Freiheit des Menschen verdeutlichen. In beiden Fällen muß
man aber zudem erläutern, wie der vom guten Gott geschaffene Mensch zu solchem Abfall fähig
sein könne – und hierzu kann auf einen Urgrund in Gott (bzw. eine Rückseite Gottes) rekurriert
werden, welche die formalen Bedingungen für eine solche Freiheitstat bereitstellt.
Alle Theorien vermögen nicht zu überzeugen. Das liegt zum einen daran, daß ein theoretischer
Umgang dem erfahrbaren und erfahrenen Bösen niemals gerecht werden kann, weil es immer in
einer gewissen (für das Nachdenken notwendigen) Distanz verbleibt. Aber auch auf der Theorie-
ebene könnte die Schwäche in dem gemeinsamen Ausgangspunkt liegen, nämlich der Fiktion eines
guten Ausgangszustandes. Setzt man einen guten Gott und gute Menschen als Anfangspunkt (beispielsweise in einen Paradiesgarten), dann müssen sich alle Erklärungsmodelle an dieser Vorgabe
abarbeiten – was nicht zu leisten ist, weil das Böse eben das Gegenteil des Guten ist. Die Betonung des Kampfes zwischen Gut und Böse, die hier als weiterführender Impuls festgehalten worden ist, löst dieses Dilemma auch nicht auf, aber konzentriert sich nicht auf die vergangenheitsbe-
zogene Herkunftsfrage, sondern auf die gegenwartsbezogene Machtfrage. Dabei sollte die Metapher des Kampfes weit gefaßt werden, um nicht nur den aktiven Widerstand, sondern auch das
geduldige Ertragen, das Hoffen auf und das Beten um Erlösung zu umfassen; der gemeinsame Bezugspunkt ist, daß das Böse nicht akzeptiert wird. Entspricht dies nicht auch der biblischen Perspektive, die vom Kampf Gottes gegen das Böse (sei es als das Chaos, die Ungerechtigkeit oder
die Sünde) und von seinem Sieg in unterschiedlichen Konzepten erzählt, die Herkunftsfrage hingegen nicht aufwirft, sondern scheinbar selbstverständlich von der (erfahrenen) Realität des Bösen
ausgeht?

23

bunden mit der Gefahr der Verharmlosung des (erklärten) Bösen. Denn in der Figur des Teufels wird das Böse greifbar und handhabbar: Indem wir vermeinen zu wissen, woher das Böse stammt und womit wir es zu tun haben, könnten wir zumindest soweit über es verfügen, daß wir es lokalisieren und damit von uns wegschieben könnten. Demgegenüber bestand die Wirkung des Orgelspiels darin, die Ungreifbarkeit des Bösen zu symbolisieren. Das Bekenntnis des Glaubens als Kampf gegen einen Widerstand, der zwar spürbar war, der aber ungreifbar blieb und eben nicht von uns gefügig gemacht werden konnte, bestand nicht in einem Räsonnieren über die Gestalt dieses symbolisch erfahrbaren Bösen, sondern im Festhalten an der alten Wahrheit über Jesus Christus, wie sie in den Liedern zum Ausdruck kommt. Der zweite Impuls liegt also darin, dem Glauben den Charakter des Kampfes gegen das Böse nicht wegzuretouchieren, doch andererseits den Blick des Glaubens nicht von seinem Herrn weg- und zu dem eben ungreifbaren Bösen hinzulenken. In diesem Kampf zu bestehen, vermag allerdings nur der Glaube an Jesus Christus – und insofern behält die Predigt von dem Gottessohn, der das Böse in der Wüste überwunden hat, so daß unser Kampf heute eine deutlich andere Qualität hat, das letzte Wort.

2) Nachdem der Teufel als personhaft vorgestelltes Wesen einer berechtigten Kritik unterzogen worden ist, an der auch die neuen Impulse der Kasseler Tage nicht zu rütteln gedachten, stellt sich die Frage nach dem Sinn und Gehalt einer Rede von der Hölle noch schärfer: Was soll eine Unterwelt ohne Teufel (und ohne Dämonen)? Zumal der historische Prozeß nach den Ausführungen des Fachmannes Kratz in der Diskussion bereits im Alten Testament nicht beim Teufel, sondern umgekehrt bei einer Trockenlegung der Unterwelten ansetzte. Die Kulturleistungen der Menschen führten also bereits im Alten Orient zu einem Verlust der Artenvielfalt in der mythologischen Dämonologie, der Teufel war das Überbleibsel einer begradigten Unterwelt.

Zur Verdeutlichung und Interpretation dieser Entwicklung soll auf die Schlußworte des Vortrags von Kratz zurückgegriffen werden. Dort heißt es: "Verantwortlich für die Sonderentwicklung in der jüdisch-christlichen Tradition ist die Transzendenz des Gottesbegriffs, das heißt die Entfernung und damit auch gegeben die Entfremdung von Gott und Mensch. Man mag dies bedauern, und man mag die

Agypter und alle anderen beneiden, die mit ihren Göttern von Du zu Du standen oder wenigstens diesen Zustand, nämlich die Vergöttlichung des Menschen, erstrebten – und darum geht es: um die Vergöttlichung des Menschen. Die jüdisch-christliche Tradition kennt nur noch den einen Gott, nach christlicher Auffassung den einen Gott in dem einen Menschen Jesus Christus. Diese Linie, die Gott und Mensch voneinander entfernt, führt eben nicht zur Vergöttlichung, aber zur Vermenschlichung des Menschen – ganz sinnlos ist sie vielleicht also nicht."[10] Die Trockenlegung der Unterwelten ist demzufolge Bestandteil der Entwicklung eines Gottesbildes in der biblischen Tradition, in dem das Gegenüber von Gott und Mensch durch eine klare Trennungslinie gekennzeichnet ist. Die größer werdende Entfernung zwischen Gott und Mensch beschneidet dem Menschen die Möglichkeit der Vergottung und wirft ihn auf sich selbst zurück. Dazu kommt, so kann ergänzt werden, daß es auch keine Zwischeninstanzen mehr gibt, keine Jenseitswelten neben Gott, in denen sich der Mensch bewegen könnte, um so stufenweise seiner Vergöttlichung entgegenzugehen. Das Aussterben der Jenseitswelten ist für die jüdisch-christliche Tradition daher bereits theologisch (vom Gottesgedanken her) motiviert und also nicht erst ein Ergebnis der europäischen Aufklärung, das man zu akzeptieren habe. Es handelt sich demzufolge nicht nur um ein verändertes Weltbild, die Ablösung des ptolomäischen durch das kopernikanische Weltbild, durch das die Hölle ihren angestammten Ort (unter der Welt) verloren hat, sondern um ein Gottesverständnis, wonach Gott neben sich zwar Menschen, nicht aber Teufel und Dämonen bestehen läßt.

Historisch betrachtet muß diese Interpretation sicherlich als idealistisch kritisiert werden. Schließlich hat das alte (ptolomäische) Weltbild in der Kirche jahrhundertelang die Glaubenden geprägt, gehörte die Hölle samt ihren Bewohnern zum festen Bestandteil des Glaubens, beeinflußte die Angst vor den ewigen Höllenstrafen und vor dem gegenwärtigen Einfluß der bösen Mächte vornehmlich im Hochmittelalter auch die Verkündigung und die Theologie der Kirche[11]. Im Vortrag

---

[10] Die Zitate entsprechen der mündlichen Fassung des Vortrags, Anm. der Hg.

[11] Tarald Rasmussen, Art. 'Hölle' II. Kirchengeschichtlich, in: Theologische Realenzyklopädie Bd. 15, Berlin 1986, 449-455, hat betont, daß die Alte Kirche erst nach der Konstantinischen Wende "ein zunehmendes Interesse an den Fragen des endzeitlichen Gerichts" (450) entwickelt habe. Zur Erklärung verweist er auf die veränderte Herausforderung für die Kirche, die sich nunmehr nicht nur als eschatologische Gemeinschaft der Glaubenden, sondern auch als moralische Er-

von Freytag finden sich eindrückliche Belege für diese Wirkungsgeschichte. Aber für eine gegenwartsbezogene Beschäftigung mit diesem Thema, wie sie in den Kasseler Tagen konzipiert worden war, ist es relevant, ob sich im biblischen Kontext weiterführende Impulse finden lassen, oder ob man sich schlicht von einem veralteten (mythologischen) Weltbild, das unterschiedslos auch die biblischen Texte prägte, verabschieden muß[12] – unbeschadet dessen, wie stark diese Impulse in der Geschichte gewirkt haben.

Kratz folgend liegt dieser Impuls zunächst darin, daß die besondere Beziehung zwischen dem transzendenten Gott und dem Menschen zu einer Vermenschlichung des Menschen führt. Daraus läßt sich schließen, daß die Menschlichkeit des Menschen keineswegs selbstverständlich ist, der Mensch vielmehr auch sein wahres (menschliches, also ihm entsprechendes) Menschsein, verfehlen könne. Das Ziel des Menschen ist demnach weder eine Vergöttlichung noch eine Dämonisierung, er soll weder zum Halbgott aufsteigen, noch zum Teufelsgesellen depravieren, sondern als Mensch leben. Ferner besagt die Anbindung der Menschlichkeit des Menschen an die Gottesbeziehung, daß zum wahren Menschsein diese Beziehung zu Gott hinzugehört. Als menschliches Gegenüber Gottes ist der Mensch demnach definiert[13].

---

ziehungsanstalt zu bewähren hatte.

[12] Der Abschied vom mythologischen Weltbild der Bibel und die Unmöglichkeit, dieses Weltbild in der Gegenwart zu repristinieren, wurden in nach wie vor vorbildlicher Klarheit vom evangelischen Theologen Rudolf Bultmann vor nunmehr fast 60 Jahren gefordert: Vgl. Rudolf Bultmann, Neues Testament und Mythologie. Das Problem der Entmythologisierung der neutestamentlichen Verkündigung, 2. Auflage, hrsg. von Eberhard Jüngel, München 1985 [1941]. Für Bultmann ist das damalige Weltbild, sind Geister- und Dämonenglaube, Wundergeschichten und Sühnevorstellung schlichtweg "erledigt" (vgl. ebd. 15f.): "Man kann nicht elektrisches Licht und Radioapparat benutzen, in Krankheitsfällen moderne medizinische und klinische Mittel in Anspruch nehmen und gleichzeitig an die Geister- und Wunderwelt des Neuen Testaments glauben" (16). Man muß und wird Bultmann nicht in allen Einzelheiten zustimmen, jedoch ist festzuhalten, daß durch seine in sich schlüssige Argumentation die Beweislast sich verschoben hat: Wer gegenwärtig mehr als das auf einen (nackten) Kern reduzierte Kerygma der biblischen Botschaft verkündigen will, wer insbesondere mythologisch geprägte Aussagen der Bibel als auch uns heute betreffende Wahrheiten verstehen will, der muß jeweils den Impuls benennen, der in den biblischen Texten steckt und über den Graben der Geschichte (Lessing) führt.

[13] Gegen diese Wesensbestimmung des Menschen von der asymmetrischen Beziehung zu Gott her hat der Systematische Theologe Falk Wagner Einspruch erhoben. Ihm zufolge werde hier eine Hierarchie aufgestellt, die mit zweierlei Maß messe. Während es für Gott gut sei, göttlich zu sein, sei dies für den Menschen eine Sünde – und somit werde "faktisch Gott selber zum Prototyp des

Diese Verhältnisbestimmung von Gott und Mensch läßt keinen Platz für einen dritten, das Gegenüber von Gott und Mensch ist exklusiv. Folglich haben die Unterwelten (samt ihren Bewohnern) keinen Ort mehr im christlichen Glauben. Dennoch ist dies kein Plädoyer für die Abschaffung der Hölle, sondern für eine Neudefinition dessen, was mit Hölle gemeint sein kann – dies allerdings mit Nachdruck: Hölle kann nur verstanden werden von dieser Beziehung Gottes zum Men-

---

Bösen und der Sünde erklärt" (Falk Wagner, Verantwortung des Bösen. Theologisch-philosophische Überlegungen zum Subjekt des Bösen; in: Die andere Kraft. Zur Renaissance des Bösen, hg. von Alexander Schuller und Wolfert von Rahden, Berlin 1993, 134-148, 138f.). Demgegenüber plädiert Wagner für eine Vergottung als Zielperspektive des Menschen: So wie die Menschwerdung Gottes "den Tod des einseitig selbstmächtigen Gottes notwendigerweise" einschließe (a.a.O., 144), so solle nun auch der Mensch seine Freiheit wie Gott dahingehend gestalten, daß er nicht auf Selbstbestimmung (das wäre der alte, schlechte Gott), sondern auf wechselseitige Anerkennung ausgerichtet sei.

Wagners Position, bei der der Verlust der Jenseitswelten als kulturbedingte Reduktion der Artenvielfalt positiv gewertet wurde, kann ich nicht zustimmen. Bei diesem Konzept droht eine Monokultur des vergöttlichten Menschen, der eben nichts mehr neben sich gelten läßt als andere gleich ausgestattete Menschen. Grundfehler seiner Argumentation ist die undifferenzierte Kritik an einem asymmetrischen, hierarchischen Verhältnis (von Gott und Mensch). Ausgehend davon, daß die Göttlichkeit etwas Besseres sei – und zwar für jedermann – als die Menschlichkeit, kritisiert Wagner das in der Paradiesgeschichte am Baum der Erkenntnis festgemachte Verbot Gottes an die Menschen (Gen 2,17) als autoritären Machtspruch (als Logik des Satzes: 'Quod licet Iovi, non licet bovi' – a.a.O., 139). Aber ist diese unterstellte Gleichheit einleuchtend? Empirisch gibt es genügend Gegenbeispiele, wonach es eben nicht für alle Menschen gleichermaßen gut ist, dieselben Dinge zu genießen oder dieselben Ideale zu verfolgen. Ebenso gehört es empirisch zu einer Partnerschaft, daß gerade die Unterschiede eine solche Beziehung bereichern. Jedenfalls gilt dies für die biblische Schilderung der Gemeinschaft von Gott und Mensch, die dadurch lebendig ist, daß die Partner unterschiedliche Handlungsmöglichkeiten und Spielräume haben, so daß keiner von beiden überfordert oder fehlbestimmt ist (vgl. hierzu ausführlicher Volker Stümke, Befreit zur Gemeinschaft. Gedanken zum Jüngsten Gericht; in: NZSTh 38, 1996, 97-128, 111f., die Auseinandersetzung mit Carter Heyward in Anm. 30). Mit der Nivellierung seines Menschseins verliert der Mensch eben auch seine Kontur.

Wagners Gottmensch wird ohne Gegenüber einsam. Sein Versuch, diese Vereinsamung zu kaschieren, indem er den Gottesbegriff modifiziert, ist absurd, weil dieser Gott sich gerade durch seinen Tod auszeichnet – und dieser Tod auch nicht durch trinitätstheologische Spielereien verharmlost werden darf (vgl. ebd. 144), so daß auch hier die Einsamkeit (des Todes) durchschlägt. Mich erinnert Wagners Argumentation an den eindrucksvollen Roman 'Großes Solo für Anton' von Herbert Rosendorfer. Der Romanheld Anton stellt fest, daß er der letzte Mensch auf Erden ist. Nun schließt er, daß er Gott sein müsse – aber ein Gott ohne Gegenüber, so daß er im Gespräch mit einem Hasen erwägt, sich selbst aufzulösen. Und da nach Ps 33,9 das ausgesprochene Wort Gottes wirksam ist, endet der Roman nach dem Ausspruch Antons "ich löse mich auf" mit einer Beschreibung einer menschenleeren Natur.

schen. Sie kommt dann als der Ort der Gottesferne zur Geltung. Und sie steht symbolisch dafür ein, daß der Mensch eben seine Wahrheit (sein Menschsein) verfehlen kann, indem er nicht Mensch, sondern Gott oder Teufel sein will. Eine solche Hölle kann es schon auf Erden geben; ob es sie auch als Jenseitswelt gibt, ob es also eine bleibende Gottesferne gibt (trotz 1 Kor 15,28), soll, kann und darf hier nicht entschieden werden.

Abschließend soll festgehalten werden, daß bei den Tagen für Neue Musik und Theologie aus gutem Grund nicht von der Unterwelt im veralteten Sinn die Rede war, daß aber auch nicht von der Hölle als dem Ort der Gottesferne gesprochen oder musiziert wurde. Die Gefahr eines verfehlten irdischen (und ewigen?) Lebens in der Gottesferne gehörte nicht zu den Aspekten, die veranschaulicht oder auch nur eindringlich eingeklagt worden sind. Der (noch darzustellende) vergleichbare Befund beim Thema Himmel legt es nahe, hier nach einem gemeinsamen Grund zu suchen, schließlich handelt es sich bei dem Begriffspaar "Himmel und Hölle" um eine feststehende Redewendung. Die Rede sowohl vom Himmel wie von der Hölle ist blaß gewesen; aus welchem Grund, wird die Analyse der thematischen Aspekte zum Himmel aufzudecken suchen, weil hier ein guter Grund erkennbar gewesen und benannt worden ist.

3) Nicht der Teufel und auch nicht die Hölle (und der Himmel) standen im Zentrum der musikalischen Beschäftigung mit dem Leitthema auf den Kasseler Tagen, wohl aber der Tod. Sowohl das Vokalkonzert der Schola Heidelberg am Freitagabend wie fast ausnahmslos alle Beiträge der Musiknacht brachten diesen Aspekt musikalisch und das Stuttgarter ensemble v.act zusätzlich auch visuell zum Ausdruck. Es ging zumeist um eine Auseinandersetzung mit dem eigenen Sterben-Müssen, um die Ausweglosigkeit dieses Endes eines jeden Lebens. Die Konzentration auf den individuellen Tod, ablesbar an den Texten der aufgeführten Stücke, entspricht der gegenwärtigen theologischen Diskussionslage in Deutschland, die sich ebenfalls auf die Themen der individuellen Eschatologie konzentriert.

Die Aussagen zu diesem Aspekt sind daher auch nicht durch neue gedankliche Impulse gekennzeichnet, sondern durch die hohe Ernsthaftigkeit, mit der die Auseinandersetzung mit dem Tod geführt worden ist. Das wird schon dran deutlich, daß es vielfach alte Texte sind, mittelalterliche Totentänze beispielsweise, auf die zurückgegriffen wird und die durch aktuelle Stücke ergänzt werden. Der Tod ist präsent, seine Bedrohlichkeit hat durch die Abschaffung von Teufel und Hölle nichts eingebüßt: Nicht mythologische Gestalten und von ihnen gestaltete Jenseitswelten, sondern der Tod des einzelnen steht für die Begrenztheit und daraus resultierend die Einmaligkeit und Ernsthaftigkeit menschlichen Lebens ein. Gegenüber sowohl der Verharmlosung des Jenseits durch die schönfärberischen amerikanischen Kinofilme wie der sattsam beklagten aber nach wie vor dominanten Verdrängung des Todes in unserer Gesellschaft pocht die "neue musik in der kirche" auf die Auseinandersetzung mit dem Tod. Und ist darüber hinaus dieses Pochen vielleicht auch als Mahnruf an die kirchliche Verkündigung zu verstehen, sofern auch sie sich so sehr auf die aktuellen und diesseitigen Themen und Fragen eingelassen hat, daß ihr eschatologisches Profil zu entschwinden droht? Trotz der Dominanz der Individualeschatologie war noch eine andere Stimme zu hören. Neben der Besinnung auf den individuellen Tod waren die Texte der aufgeführten Stücke auch durch die Bezugnahme auf den Tod als politische Wirklichkeit vornehmlich in Deutschland unter der Nazi-Diktatur geprägt. Seien es die deutschen Tänze von Cornelius Schwer, von der Schola Heidelberg interpretiert, die ein Flüchtlingsgespräch Brechts intonierten, sei es der Briefwechsel von Nelly Sachs und Paul Celan, in das Requiem 2000 von Döhl eingearbeitet, in dem zu spüren ist, wie schwierig bis unmöglich die Aufarbeitung der schrecklichen Erfahrungen in Nazi-Deutschland ist, oder seien es die jüdischen Stimmen von Elie Wiesel und Rose Ausländer im Gloria der Missa hebraica von Dahlgrün (Texte) und Darmstadt (Musik), die zumindest durch ihre Kontrastierung einen Horizont der Hoffnung offen halten wollen angesichts der Allgegenwart des Hasses und des Todes – immer wieder dringt es durch, daß der Tod inzwischen mehr ist als das individuelle Sterben, das niemandem erspart bleiben wird, nämlich ein bewußtes Konzept, ein Machtmittel, um den biblischen Gott durch die (geplante) Ermordung seines Gegenübers zu widerlegen[14].

---

[14] In diesem Sinn hat der evangelische Theologe Karl Barth bereits 1947 erkannt, daß der deutsche Antisemitismus "keine zufällige und irgendwie leicht zu nehmende Sache" gewesen ist, sondern vielmehr einen "Angriff auf den Felsen des Werkes und der Offenbarung Gottes" (Karl Barth, Dogmatik im Grundriß, Zürich [7]1987 [1947], 89) darstellte. "Ein Volk, welches - und das war die andere Seite des Nationalsozialismus - sich selbst erwählt und zum Grund und Maßstab

Die Gemeinsamkeit dieser beiden unterschiedlichen Ausführungen zum Tod liegt in der biblischen Aussage, daß der Tod der letzte Feind Gottes ist, dessen endgültige Vernichtung noch aussteht (1.Kor 15,26). Die Macht dieses Feindes ist augenscheinlich weitaus größer und umfassender als die Gegenmacht Gottes, so daß die siegessichere Frage des Paulus: "Tod, wo ist dein Stachel?" (1.Kor 15,55) uns heute mit einer anderen Stimmung über die Lippen geht. Denn es ist eben nicht nur das individuelle Sterben, das dieser Frage Brisanz gibt, sondern es ist zudem der in einem so erschreckenden Ausmaß gelungene Völkermord an dem auserwählten Volk, der andere Machtverhältnisse nahe legt. Nicht mehr der Triumph, sondern die Klage und die Trauer sind heute der angemessene Gestus, von der Macht des Todes zu sprechen. Selbst das Gloria hat (bei Dahlgrün und Darmstadt) seine Vollmundigkeit verloren und haucht nur noch ein offenes "und" als Ausdruck einer letzten Hoffnung. Aber wird damit nicht der Tod zur alles bestimmenden Wirklichkeit – und damit selbst zu Gott, der von Theologen mit dieser Begrifflichkeit definiert worden ist[15]? Definieren wir uns und unser Leben nunmehr vom Tod her (wie es der Philosoph Martin Heidegger vorgeschlagen hatte[16]) und nicht mehr von dem rechtfertigenden Gott her (wie es Martin Luther getan hat[17])? Mehr als diese Fragen aufzuwerfen hat die Tagung in Kassel nicht leisten können. Allerdings sind diese Fragen so grundlegend und gewichtig, daß es ein entscheidender Impuls sein könnte, sie in aller Deutlichkeit thematisiert zu haben.

---

aller Dinge macht, ein solches Volk muß früher oder später mit dem in Wahrheit erwählten Volk Gottes zusammenstoßen" (a.a.O., 90). Und auch für seinen Schüler Friedrich-Wilhelm Marquardt steht fest, daß Auschwitz ein "metaphysisches Projekt" war, in dem es bewußt darum ging, den biblischen Gott durch die Vernichtung seines Volkes zu falsifizieren (Friedrich-Wilhelm Marquardt, Was dürfen wir hoffen, wenn wir hoffen dürften? Eine Eschatologie Bd. 3, Gütersloh 1996, 392).

[15]   Vgl. Rudolf Bultmann, Welchen Sinn hat es, von Gott zu reden?; in: ders., Glauben und Verstehen I, Tübingen 61980 [1933], 26-37, 26 und Wolfhart Pannenberg, Systematische Theologie I, Göttingen 1988, 175.

[16]   Vgl. Martin Heidegger, Sein und Zeit, Tübingen 151979 [1927], vor allem das Kapitel über 'Das mögliche Ganzsein des Daseins und das Sein zum Tode' (235ff.).

[17]   Vgl. vor allem die Definition des Menschen als denjenigen, der durch den Glauben gerechtfertigt wird, in der 'Disputatio de homine' (1536), These 32: "Hominem iustificari fide" (WA 39 I, 176, 35).

4) Es gibt bei Tagungen oder Gesprächen häufiger heimliche Themen, die eine Diskussion beeinflussen, obwohl sie nicht als zentrales Thema angesprochen oder diskutiert werden. Ein solches heimliches Thema gab es auch bei der Tagung in Kassel: das Jüngste Gericht[18]. In allen vier theologischen Vorträgen und in einigen Diskussionsbeiträgen wurde dieser Aspekt angeschnitten, ohne daß er eigens problematisiert oder tiefgehender analysiert wurde. Die alttestamentliche Rede vom Tag Jhwhs streicht die Herrschaft Gottes über die Geschichte heraus und kompensiert somit die erfahrene Diskrepanz von Tun und Ergehen, also die Beobachtung, daß es dem Frommen auf Erden schlecht geht, während es dem Unfrommen wohl ergeht. Der Frageengel in der islamischen Tradition betont die individuelle Verantwortlichkeit des Menschen, der einst über sein Leben Rechenschaft wird ablegen müssen. Der rechte Umgang mit den irdischen Dingen, die benutzt (uti) aber nicht vergöttert (frui) werden sollen, wies der besprochenen mittelalterlichen Literatur den Weg, um vor Gott bestehen zu können. Und schließlich wurde auch in den Hollywood-Filmen die persönliche Rechenschaftsablage über das Leben und vor allem die eigene Moral geschildert – wenngleich ohne Profilierung des (göttlichen) Richters.

Beide Aspekte, sowohl die individuelle Verantwortlichkeit für das gelebte Leben wie das Herausstreichen der universalen Herrschaft Gottes, dienen dabei gegenwärtig weniger einer Kompensation von Rachegelüsten, sie sind vielmehr Ausdruck einer Glaubenshoffnung, daß nicht der (wie soeben geschildert) mächtige Tod noch die bösen Taten samt ihren Urhebern das letzte Wort behalten werden. Nachdem für den Glaubenden sowohl der Rückzug in die Innerlichkeit wie der Einzug in die politische Verantwortung in ihrer begrenzten Wirksamkeit erkannt worden sind, konzentriert sich der Glaube in solchen Hoffnungsaussagen auf Gott und delegiert wieder an ihn die Verwirklichung des Reiches Gottes. Weder in der persönlichen Glaubensgewißheit noch durch einen Aufbruch zu befreiendem Handeln läßt sich das Gottesreich finden. Die eigene Gewißheit ist gebrochen, den Kasseler Impulsen zufolge durch die massiv erfahrbare Herrschaft des Todes und

---

[18] Es ist sicherlich ein riskantes Unterfangen, zunächst ein heimliches Thema zu unterstellen und dann dieses Thema auch noch auszudeuten. Allzu leicht kann es passieren, daß sich hier die Interessen und Vorlieben des Autors in den Vordergrund schieben. Dies kann ich weder methodisch noch inhaltlich ausschließen, möchte vielmehr explizit auf diese Gefahr hinweisen und es weiterhin dem Urteil der Leser überlassen, ob und inwieweit diese Deutung zu überzeugen vermag.

des Bösen, die eben nicht mehr Halt macht vor der eigenen Seele, sondern auch die Festen des Glaubens erschüttert hat. Zudem sind die eigenen Beiträge zur Verwirklichung des Gottesreiches als allzu beschränkt und zusätzlich als teilweise politisch fehlbar bzw. bestimmten weltlichen, veränderlichen Vorstellungen verhaftet erkannt worden. Mit dieser Deutung soll die Bedeutung des persönlichen Glaubens wie des politischen Engagements von Christen selbstverständlich nicht desavouiert, wohl aber auf eine Modifikation hingewiesen werden, durch die diese Bedeutung für die Hoffnung auf das Reich Gottes sich geändert, abgenommen hat.

In den musikalischen Beiträgen spielt das Jüngste Gericht allerdings nur sehr indirekt diese Rolle. So ist in der Missa Contraria von Werner Jacob zwar deutlich der Ruf nach Gott zu hören, dessen Eingreifen erhofft wird angesichts der Herrschaft des Todes, die allmächtig zu werden droht. Und dieses erhoffte Eingreifen Gottes wird durchaus eschatologisch geschildert unter Aufnahme von Bildern und Bibelversen, die im Kontext des Jüngsten Gerichts stehen[19]. Jedoch explizit erwähnt wird das Gericht Gottes in dieser Messe nicht, vielmehr wird die Hoffnung auf ein Fest mit Gott und den Menschen ausgerichtet. Dieses Schweigen vom Gericht, welches nur als Hintergrundfolie erscheint, muß man aber noch nicht als Kritik am Gerichtsgedanken verstehen, vielmehr kann man hier ein Nachwirken der Betonung der Feier erkennen, die seit etwa Mitte der 70er Jahre in der evangelischen Theologie beobachtet worden ist[20].

Noch weiter geht jedoch das Requiem 2000 von Döhl, das sogar eine direkte Kritik an diesem theologischen Topos ausdrückt, indem das "dies irae" nur heruntergerattert wird, wodurch dessen Leere und Floskelhaftigkeit expliziert werden, während im Requiem sonst die Hoffnung (vor allem im zweiten Teil) in Fragen an die Menschen gekleidet, deren rechtzeitige Umkehr (und sei sie bewirkt durch

---

[19] So zitiert das Credo als Gegenstimme zum Apostolicum einen Text von Kurt Marti, der unter Rückgriff auf 1 Kor 15,28 von Gott, der alles in allem sein werde, spricht. So wird im Sanctus mit den Worten von Ps 8,3 die Vertilgung der Feinde als Hoffnungswunsch zum Ausdruck gebracht, während die Gegenstimme (wiederum Kurt Martis) die eschatologische Tischgemeinschaft der Frommen mit Gott bewußt verfremdend schildert.

[20] S. dazu die noch nicht veröffentlichte Habilitationsschrift von Corinna Dahlgrün, "Nicht in die Leere falle die Vielfalt irdischen Seins". Von der Notwendigkeit eschatologischer Predigt, Abschnitt B.I.8, bes. 381ff.

einen göttlichen Hinweis) also noch als Möglichkeit angesehen wird. Im Werkstattgespräch mit dem Komponisten hat dann auch Röhring explizit auf die traditionelle Deutung des "dies irae" hingewiesen, wonach das Jüngste Gericht eben nicht nur Angst und Schrecken verbreiten noch den drohenden Zeigefinger "pädagogisch" verstärken soll, sondern vielmehr einsteht für die göttliche Gerechtigkeit[21]. Das Jüngste Gericht bringe die Hoffnung zum Ausdruck, daß die Täter nicht auf ewig über ihre Opfer triumphieren werden. Genau diese Hoffnung sei angesichts des Holocaust, auf den die häufigen Zitate jüdischer Autoren anspielen, auch heute noch aktuell. Aber gegen diese Interpretation hat sich Döhl in seiner Replik noch einmal gewandt. Zum einen betonte er, daß in seinem Stück die Hoffnung durchaus zur Sprache komme, sogar im "dies irae", indem es mit dem Gebetsruf "voca me" ende. Von daher rede er nicht einer Verewigung der diesseitigen ungerechten Zustände das Wort. Zum anderen hielt er aber daran fest, daß diese Hoffnung nach seiner Überzeugung nicht mit einer endgültigen Scheidung der Böcke von den Schafen und also nicht mit dem Bild eines Jüngsten Gerichts vermischt werden dürfe. Diese Form von Gerechtigkeit lehne er ab, hier sei er vielmehr Anwalt der Böcke und stünde explizit gegen die Schafe. Damit ist das Jüngste Gericht zwar in diesem "Requiem 2000" präsent, nicht aber in seiner herkömmlichen Aussage.

Zusammenfassend halte ich das Jüngste Gericht für das heimliche Thema der Interdisziplinären Tagung, weil es derjenige eschatologische Ort ist, an dem sich die Hoffnung auf ein Reich Gottes, auf Friede und Gerechtigkeit, erfüllen kann. Der Himmel hingegen ist nicht als dieser Ort gezeichnet worden, hier war vielmehr eine vergleichbare Zurückhaltung zu spüren wie bei der (bereits geschilderten) Darstellung der Hölle, die selbst als Ort der Gottesferne blaß blieb. Doch

---

[21] Röhring beruft sich bei seinem Votum auf den Artikel von Robert Spaemann, Die Taube auf dem Dach; in DIE ZEIT Nr. 23 vom 31. Mai 2000, 47. Am Ende seiner kritischen Replik auf den Berliner Philosophieprofessor Herbert Schnädelbach hatte der Münchner Philosoph bedauert, daß dieses Stück ('dies irae') im (katholischen) Gottesdienst nicht mehr vorkomme. Denn: "Das ganze Christentum ist in diesem Vers" – gemeint ist der Satz: 'Quaerens me sedisti lassus / redemisti crucem passus / tantus labor non sit cassus', den Spaemann wie folgt übersetzt: "Mich suchend sankst Du, erschöpft, am Kreuz, Erlöser, nicht umsonst sei solche Mühe". Neben die Erlösung des (leidenden) Christen in der Welt stellt Spaemann als zweiten Gedanken die Überwindung der Ungerechtigkeit und die Herstellung des Rechts, daß "Recht und Unrecht als das erscheinen, was sie sind", als zentrale Aussagen der christlichen Lehre von den letzten Dingen.

auch die gegenteilige Nähe Gottes wurde nicht zum Anknüpfungspunkt für die zur Sprache gebrachten Hoffnungen, vielmehr kreisten die Hoffnungen um eine Gerechtigkeit, die das Unrecht, den Tod und das Böse überwindet und die daran Beteiligten zur Verantwortung zieht – also um das Jüngste Gericht.

5) Der Sonntagsgottesdienst war im Konzept der Tagung der Ort, um vom Himmel zu reden – und diese Ortanweisung ist eindeutig zu begrüßen. Denn wer theologisch verantwortlich vom Himmel redet, der redet immer auch von Gott – und eben nicht nur von menschlichen Wünschen und Sehnsüchten, Vorstellungen und Idealen. Zudem paßt es, am Ende der Veranstaltung den hoffnungsvollen Ausblick zu wagen, um nicht in den Abgründen stecken zu bleiben, die deutlich genug zuvor geschildert worden sind. Der programmatische Ablauf der Tage sowie die starke Gewichtung der negativen Aspekte bereits im Motto der Veranstaltung haben dafür gesorgt, daß eine gegenwärtig verantwortbare Rede vom Himmel kein weltfremdes Schwärmen werden konnte. Vielmehr stellte sich am Ende der Tagung umgekehrt die Frage, was überhaupt noch gesagt werden könne vom Himmel als dem Ort des Friedens und der Freude, der Gerechtigkeit und der Gemeinschaft mit Gott.

Als Textgrundlage diente der Predigt 2 Kor 5,1: "Ein Haus, nicht mit Händen gemacht, das ewig ist im Himmel". Der Himmel als Heimat für den Menschen, der eben auf Erden noch nackt und unbehaust lebt, als Ausdruck der Hoffnung des Menschen. Aber dieser Himmel ist nach Aussagen des Predigers Gerhards nicht mehr ungetrübt. Unter Rückgriff auf den jüdischen Schriftsteller Paul Celan führte er aus, daß der Rauch von Auschwitz gen Himmel gezogen sei und damit den Himmel verändert habe. Der Himmel habe seine Klarheit und Eindeutigkeit verloren, in ihm habe sich eben auch dieser Rauch festgesetzt. Von einer Gemeinschaft Gottes mit seinem Volk kann also nicht mehr ungebrochen die Rede sein, der millionenfache Mord an den Juden trübt die Hoffnung auf die himmlische Heimat.

Mit diesem Skopus greift der Prediger die Aussage des Gloria von Dahlgrün und Darmstadt auf, das – ebenfalls unter Rückgriff auf jüdische Stimmen – das Gotteslob durch die Einwände zwar nicht mundtot gemacht, wohl aber zu einer schmalen Hoffnungsaussage reduziert hat, die ihre inhaltliche Bestimmtheit und

Eindeutigkeit eingebüßt hat. So hält auch die Predigt an der Hoffnung auf den Himmel als Hoffnung auf Gott fest, aber eine lebendige Schilderung des Himmels unterbleibt, muß unterbleiben, weil die jüdischen Stimmen eine solche Ausmalung nicht zulassen. Deutlich grenzt sich Gerhards von dem gegenwärtig wirksamen Konzept des "carpe diem" ab; die konstatierte Eintrübung des Himmels ist also keinesfalls ein Plädoyer für eine platte Diesseitigkeit und für die gegenwärtig dominante Erlebnissucht. Trotz aller Fraglichkeit und Zerbrechlichkeit bleibt die Hoffnung auf den Himmel, und sie vermag auch weiterhin Impulse zu setzen in unser Leben hinein, Motivation zur Veränderung zu vermitteln.

Wie schon angedeutet ist die Parallelität in der Zurückhaltung der Aussagen über die Hölle wie über den Himmel auffällig. Sie kann m.E. mit dem Hinweis auf ein vergangenes, erledigtes Weltbild nicht hinreichend erklärt werden, weil Hölle wie Himmel auch theologisch, von der Beziehung zu Gott her gefüllt werden könnten: als Ort der Gottesferne oder der Gottesgemeinschaft. Hängt die Blässe, mit der Himmel wie Hölle gezeichnet worden sind, nicht vielmehr zumindest auch an unserer Verwobenheit in das Böse, die weder einen klaren Blick auf Gott ermöglicht noch eine deutliche Schilderung der Gottesferne zulassen kann? Ist nicht unsere Gottesferne – und das ist nicht im Gestus eines besserwisserischen und sich frömmer dünkenden Erweckungspredigers formuliert, sondern der Versuch, gegenwärtig aufrichtig den Glauben zu beschreiben – ein Hindernisgrund, die Hölle zu schildern, weil sie bedrohlich nahe unserer eigenen Situation sein könnte? Und verschlägt es uns nicht die Sprache, vollmundig vom Himmel zu reden, weil wir spüren, daß wir allzu weit entfernt von ihm leben – auch als Glaubende und Hoffende? Ist die Blässe also auf komplementäre Weise mitbedingt durch die äußerst kräftigen Farben, mit denen wir unsere Wirklichkeit, insbesondere die Realität des Bösen in dieser Wirklichkeit, zeichnen?

Sollte diese Deutung Zustimmung finden, dann muß man dem Prediger danken für die Aufrichtigkeit, mit der er diese bedrohliche Situation ausgehalten hat – getragen von einer Hoffnung auf Gott, die zwar nicht sprachlos, wohl aber blaß geworden ist, erschreckt von der Macht des Todes und des Bösen, die auch vor Gottes Volk nicht Halt gemacht haben. Nicht mehr der Himmel, wohl aber Gott zieht die Hoffnung des Glaubens auf sich – was sicherlich bedingt ist durch die Schreckenserfahrungen des 20. Jahrhunderts, was aber zudem der biblischen Hoffnung (auf Gott und sein Reich) entspricht.

3. Ausblick

a) Die vorgetragene Deutung der systematisch-theologischen Implikationen der Interdisziplinären Tage für Neue Musik und Theologie im Juni 2000 in Kassel hat zwei inhaltliche Schwerpunkte benannt, die ein Weiterdenken bei der kommenden Tagung wünschenswert erscheinen lassen.

Zum einen wäre die Frage des (hoffenden) Glaubens nach dem lebendigen Gott angesichts der erfahrbaren Macht des Todes es wert, vertieft zu werden. Gerade weil die Hoffnung keine Bilder des Himmels mehr zu zeichnen vermochte, sondern bei einem Anrufen Gottes stehen geblieben ist und wohl auch bleiben mußte, liegt es nahe, nun den Blick auf diesen Gott zu lenken und zu fragen, wie er mit dem Tod umgeht: Was sagt die Bibel, was lehrt die kirchliche Tradition über das Verhältnis von Gott und Tod? Es geht also um die Verankerung unserer Hoffnung gegen den Tod im lebendigen Gott, von dessen Lebendigkeit vielleicht auch Impulse ausgehen können, die dem christlichen Glauben eine neue Anschaulichkeit dieser Hoffnung vermitteln können.

Zum zweiten ist der Rückgriff auf jüdische Stimmen des 20. Jahrhunderts sowohl bei den Musikern wie bei den theologischen Referaten und bei der Abschlußpredigt auffallend. Demgegenüber tritt das Neue Testament, treten Jesus und Paulus zurück. Diese Beobachtung sollte nicht vorschnell (und schon gar nicht pejorativ) gewertet werden; sie ruft vielmehr die Frage nach einer Verhältnisbestimmung wach, die sich ebenso auf das Gottesbild konzentrieren sollte. Diese Frage hat zwei Aspekte. Zum einen richtet sie sich auf die Sprache der Hoffnung, die Juden nach dem Holocaust formulieren können: Wie können Juden heute noch vom lebendigen Gott der Bibel sprechen und ihre Hoffnung auf diesen Gott zur Sprache bringen? Wie wurden die Schrecken des Todes, die von Juden durch Nazi-Deutschland in grausamster Weise erfahren, erlitten wurden, theologisch gedeutet? Der zweite Aspekt richtet sich demgegenüber auf die Christen; hier geht es um das Weiterleben mit einer Schuld, die allzu deutlich eine Sünde gegen den Gott der Bibel, eine Sünde wider den Heiligen Geist (vgl. Mt 12,31f.), genannt werden muß: Dürfen wir noch hoffen – auf Vergebung, auf eine Auferstehung, auf ein Leben in der Gemeinschaft mit Gott? Beide Aspekte münden in die Frage, was Christen, sowohl an eigenem Umgang mit Schuld wie an eigener Glaubenssprache, aus diesem theologischen Nachdenken über ein Leben nach dem Tod lernen können.

Da der Rückgriff der genannten Verhältnisbestimmung von Gott und Tod diente, liegt eine Verknüpfung der beiden Schwerpunkte, der Bezug auf jüdische Stimmen und die Ausrichtung auf eine Verhältnisbestimmung von Gott und Tod, nahe: In welchem Verhältnis stehen Gott und Tod nach jüdischem und nach christlichem Verständnis? - Als Thema der nächsten Tagung ist folgende Überschrift gewählt worden: "Ein Gott, der tötet?" Damit wird der Gedankengang der hier besprochenen Tagung stringent weitergeführt; die als sinnvoll beschriebene Verhältnisbestimmung von Gott und Tod wird dergestalt vorgenommen, daß vom lebendigen Gott ausgegangen wird. Hieran knüpft sich als erster Schwerpunkt die Debatte um die dunklen Seiten Gottes[22]; um den strafenden und Unheil bringenden Gott. Zugleich ist bei der gewählten Formulierung als zweiter Schwerpunkt die christologische Pointe des Neuen Testaments mit ins Zentrum gerückt. Die Frage nach dem Gott, der tötet, umfaßt also nicht nur den Aspekt, inwiefern der Tod von Gott gewollt oder sogar herbeigeführt wird, sondern zugleich auch, daß in Jesus Christus Gott sich selbst dem Tod (am Kreuz) aussetzt.

b) Was die Form der Veranstaltung angeht, so muß zunächst einmal den Veranstaltern höchstes Lob gezollt werden – nicht nur für ihren Mut zur Interdisziplinarität, sondern vor allem für die Durchführung, bei der wirklich beide Stimmen, die der Theologie wie die der Kirchenmusik, deutlich und in ihrer eigenen Diktion zu hören gewesen sind. Es gab Konzerte mit entsprechenden Einführungen und Vorträge mit anschließenden Diskussionen. Entsprechend waren im Publikum stets sowohl Theologen wie Musiker vertreten; das Gespräch wird also von beiden Seiten gesucht und gewünscht; die beiden Veranstalter haben hier ein richtiges Gespür bewiesen. Daher sollte an der Interdisziplinarität auch bei den folgenden Veranstaltungen unbedingt festgehalten werden.
Für beide Bereiche, die Theologie wie die Kirchenmusik, sind solche gemeinsamen Veranstaltungen eine Bereicherung, zumal dann, wenn - wie bei den Kasseler Tagen - hochkarätige Vertreter des jeweiligen Genres für die Veranstaltung

---

[22] Vgl. den gleichnamigen Buchtitel von Walter Dietrich und Christian Link, Die dunklen Seiten Gottes, 2 Bände, Neukirchen-Vluyn 1995 und 2000. Die Untertitel verdeutlichen die thematischen Schwerpunkte: Im ersten Band werden Willkür und Gewalt, im zweiten Band Allmacht und Ohnmacht Gottes behandelt.

gewonnen werden können. Wird hier doch der eigene Blickwinkel erweitert, indem man nicht nur von Fachleuten über Konzeptionen des eigenen Fachs vertiefend informiert wird, sondern vor allem eine andere Perspektive auf dieselben Fragen und Probleme kennenlernt[23]. Die Musik bietet andere Zugangsmöglichkeiten zum biblischen Gott als das gesprochene Wort und auch als das Sakrament. Demzufolge werden auch unterschiedliche Erfahrungen des gelebten Glaubens namhaft gemacht und erschlossen. Die Frage an Kratz, ob die von ihm beschriebenen Kulte auch eine "musikalische oder tänzerische Ausgestaltungen erfahren haben", hatte diese Perspektive, das wurde deutlich, weil der Fragesteller seinen Diskussionsbeitrag auf den Sonntagsgottesdienst heute bezog und nach der Bedeutung solcher Kulthandlungen für den gelebten Glauben damals fragte. Darüber hinaus wird hier ein eminent praktischer Bezugspunkt genannt: die Gestaltung des Gottesdienstes. Wenn das Verständnis zwischen Pastor und Organist vor Ort auch durch solche interdisziplinären Veranstaltungen wachsen würde, wäre dies sehr erfreulich.

Die Hauptschwierigkeit bei der wünschenswerten Begegnung und wechselseitigen Bereicherung dürfte darin liegen, daß die beiden Bereiche wirklich ins Gespräch miteinander kommen. Eine Bedingung dafür ist eine klare Vorgabe des Themas, mit dem möglichst auch beide Seiten etwas anfangen können. Abgesehen von den Orgelaufführungen zeichnete sich die geschilderte Veranstaltung diesbezüglich durch ein äußerst stringentes Konzept und eine klare Profilierung der einzelnen Themenaspekte aus. Es wurde eben nicht allgemein über Gott und die Welt geredet, sondern es wurden konkrete Fragen und Probleme des christlichen Glaubens

---

[23] Der facettenreichen Beschreibung des Verhältnisses von Theologie und Musik, die Corinna Dahlgrün in der Auswertung der ersten Interdisziplinären Tage für Neue Musik und Theologie nach der Zäsur vorgelegt hat, habe ich nichts hinzuzufügen. Vgl. Corinna Dahlgrün, Auf der Suche nach "lebendiger Hoffnung". Eine Auswertung der Tage 'neue musik in der kirche' 11.-14.6.1998; in: Neue Musik in der Kirche: Visionen gegen die Zeit, hg. von Corinna Dahlgrün und Hans Darmstadt, Frankfurt/M. u.a. 1999, 21-48. Ihre Thesen lauten: "Die Theologie braucht die Musik für die Weltwahrnehmung" (22). "Die Musik braucht nun ihrerseits die Theologie für den Hinweis auf Gott" (23). Zusammenfassend kommt sie zu dem Schluß: "Musik und Theologie brauchen einander also, um Wahrheiten genauer zu erkennen und gemeinsam klüger zu sein; um sprachfähiger zu sein zum Aussagen des Erkannten, um mutiger zu sein zum Formulieren von Hoffnungen, ausdauernder im Aushalten der Brüche und Ambivalenzen, die die Wirklichkeit ausmachen, stärker im Widerstand gegen Beliebigkeit, modische und wiederaufgewärmte Illusionen, gegen den Zeitgeist der offenen oder verdeckten Hoffnungslosigkeit" (23).

präzise beleuchtet und auf unterschiedliche Weise einer Antwort entgegengeführt. Alle vier thematischen Schwerpunkte sind theologisch wie musikalisch bearbeitet worden – selbstverständlich mit unterschiedlichem Gewicht, was der künstlerischen wie gedanklichen Freiheit entspricht. In dieser Hinsicht bleibt nur zu wünschen, daß die folgende Veranstaltung das hohe Niveau dieser Tagung wird halten können, daß also wieder kompetente Musiker und Theologen gewonnen werden können, die dem gestellten Thema interessante und weiterführende Gesichtspunkte abgewinnen werden.

Eine zweite Bedingung besteht darin, daß die Vertreter der beiden Fächer miteinander reden. An dieser Stelle sind die Veranstalter augenscheinlich noch auf der Suche nach der idealen Form. Nachdem das Gespräch auf dem Podium bei den vorangegangenen Interdisziplinären Tagen im Juni 1998 anscheinend nicht den gewünschten Synergieeffekt hatte, entschied man sich diesmal für eine Trennung in theologische und musikalische Vorträge. Dies diente einer klaren Abgrenzung und damit auch Profilierung; Komponisten wie Theologen konnten ihre Deutung in der notwendigen Breite und Tiefe vorstellen und zur Diskussion stellen. Die Gefahr einer Dominanz der einen Disziplin ist erfolgreich gebannt worden; weder konnten Theologen die Musiker totreden, noch konnten provokante Inszenierungen jedes Gespräch im Keim ersticken und nur noch sprachlose Ratlosigkeit zurücklassen. Allerdings kam dadurch leider das interdisziplinäre Gespräch zu kurz, es wurde an die Teilnehmer und in die Veranstaltungspausen delegiert, aber nicht auf dem Podium inszeniert. Damit unterblieb es jedoch weitgehend. Erschwerend kam hinzu, daß die Referenten meist nicht an der gesamten Tagung teilnahmen, die anderen Vorträge also nicht zur Kenntnis nehmen und sich also auch nicht an einem Gespräch beteiligen konnten.

Demgegenüber wäre es wünschenswert, wenn das interdisziplinäre Moment bei der folgenden Tagung noch stärker das Programm prägen würde; es ist schließlich das besondere und herausragende Kennzeichen der Kasseler Tagung. Gerade weil bei dieser Veranstaltung vor allem die Musik teilweise weiterführende Impulse setzen konnte, wären gemeinsame Gespräche aus Sicht eines Theologen sicherlich wünschenswert. Welche Anregungen bieten die musikalischen Impulse für die theologische Eschatologie und wie können sie in die begriffliche Sprache übersetzt werden? Diese Frage deutet eine wechselseitige Debatte an, bei der gegenseitig gelernt werden kann.

Bei der Suche nach der geeigneten Form kann ich lediglich eine Anregung formulieren: Wäre es nicht denkbar, ein konkretes Motiv (bspw. eine Aussage aus der Bibel oder aus dem Gesangbuch) sowohl einem Theologen wie einem Musiker vorzugeben, um dann beiden Ausführungen zuzuhören und sie hinterher in ein Gespräch zu überführen? So könnte die Gefahr der einseitigen Dominanz zumindest reduziert, die Eigenart beider Beschäftigungen mit dem weiterhin präzise vorgegebenen Thema gewürdigt und dennoch ein Gespräch ermöglicht werden. Aber mein Vertrauen und auch meine Erwartungen an die Veranstalter sind hoch; ich bin jedenfalls schon sehr gespannt und freue mich auf die nächsten Interdisziplinären Tage für Neue Musik und Theologie vom 20. bis 23. Juni 2002 (während der documenta XI) in Kassel.

Herbert Glossner

"Himmel, Hölle, Tod und Teufel"
neue musik in der kirche – Kassel 2000

Himmel und Hölle in Bewegung setzen, sagt der Volksmund und meint damit, alle Anstrengungen auf das Erreichen eines Ziels zu richten. Aber "Himmel und Hölle" heißt auch ein beliebtes Kinderspiel. Als in Kassel wieder die "neue musik in der kirche" zu hören war, kamen auch noch Tod und Teufel mit ins Spiel. Unter dem universal ausgreifenden Thema "Himmel, Hölle, Tod und Teufel" trafen beide volkstümliche Konnotationen, das Zielstrebige und das Spielerische, aufs Glücklichste zusammen. Die Beteiligten hatten zumindest alle möglichen irdischen Mittel darauf verwandt, um die eschatologischen, mehr noch die existentiellen Inhalte dieser Gegensatzpaare zum Klingen zu bringen. Dazu gaben spielerische Elemente der Interdisziplinarität multimedialen Reiz.

Gleich das Eröffnungskonzert des phänomenal musizierenden "brass of the moving image" spielte exemplarisch das Thema durch. Die Motivation durch Hans Darmstadt hatte das 1995 von Rochus Aust gegründete Ensemble dazu bewogen, sein Programm "Himmel, Hölle, Tod & Teufel" in einer großen Deutschland-Tournee, Expo Hannover inklusive, zu präsentieren. Ein elektronisch-akustisches Programm, das auch Karlheinz Stockhausens Klassiker "Gesang der Jünglinge im Feuerofen" und Musik von Tom Waits ("Night on Earth"), dazu Solostücke von Vinko Globokar und Jarvo Sermilä, einschloß. Die szenische Klammer bildete das "Concerto grosso peripherer Musiker für zentriertes Publikum", eine Anfang und Schluß markierende interaktive Komposition "für zehn Blechbläser, Publikum und Elektronik" von den Brüdern Markus (Klangregie) und Rochus Aust und dem Niederländer Han H. de Groot (Interaktionsregie). Die Bläser standen in der Martinskirche verteilt, mit "Klanganzügen", entsprechende Sensoren bergend, bekleidet, die Kommenden beziehungsweise Gehenden konnten – mit sichtlichem Vergnügen – auf Bodenschalter treten, die dann die verschiedensten instrumentalen, manipulierten Impulse und Bewegungen auslösten. Raumklang und Klangraum – ein Programm auf "erdbezogenen und himmlischen Klangebenen"

(Eigencharakteristik), virtuos solistisch oder in massiven Blechwolken, dem menschlichen Atem allein oder den Möglichkeiten des Mischpults zu danken. Hier gab es Himmelssignale und Engelsspiele ("Signals from Heaven" von Rochus Aust, "Playgrounds for Angels" von Einojuhani Rautavaara).

Zum Auftakt der knapp sechsstündigen "Musiknacht" beschwor das "ensemble v.act", das die an der Stuttgarter Musikhochschule lehrende Sängerin Angelika Luz aus Studierenden verschiedener Fachbereiche gebildet hat, mit anrührenden "Szenisch-konzertanten Phantasien" den Tod und die Ambivalenz des Lebens. Faszinierend die fast nahtlos ineinander verschränkte Programmfolge, die einen Bogen von 1600 bis 2000 und zurück schlug; dann die behutsamen, nie über-zeichnenden Bewegungen der elf jungen Frauen und Männer, unter denen Anja Metzger im schwarzen Gewand expressiv pantomimisch durchgängig den Tod verkörperte; und nicht zuletzt die hoch professionelle Ausführung. Ein- und aus-ziehend mit zweistimmigen Gesängen von Adam Gumpelzhaimer ("Der grimmig Tod", "Miserere") zu dumpfem Trommelschlag, konfrontierten die Singenden und Spielenden in wechselnden Besetzungen Adriana Hölszky ("Vampirabile/ Lichtverfall") und Toshio Hosokawa ("Renka 1"), beide zu zeitgenössischen lyri-schen Texten, mit Emilio de Cavalieri ("O gran stupore", "O großes Staunen", aus einer der ersten geistlichen Opern der Musikgeschichte) und Iannis Xenakis ("Mikka" für Solovioline). Oder Pascal Dusapin ("Two walking") und Marek Ko-pelent ("Black and white tears"), jeweils leichtere, auch jazznahe Texte und Töne berührend, mit Nebojsa Jovan Zivkovic ("CTPAX:STRAH", Anja Füsti mit einem furiosen Schlagzeusolo) und Shigeru Kan-no ("Prière pour les malades", ein Gebet für die Kranken). Die Uraufführung "Einblick hindurch" für vier Frau-enstimmen von dem noch nicht dreißigjährigen Stuttgarter Oliver Frick, zu Tex-ten aus Jean-Paul Sartres "Der Ekel", stand mit ihren aufgebrochenen Klängen und Sprachauflösungen eindrucksvoll neben bewährten Werken des späten 20. Jahrhunderts.

Mit den in sich ruhenden Orgel-Variationen über den Bachschen basso continuo "Weinen, Klagen, Sorgen, Zagen" von Franz Liszt leitete Zsygmond Szathmáry über zu einem weiteren Höhepunkt im ersten Teil dieser langen Musiknacht: Das Vocalensemble Kassel sang unter der Leitung von Hans Darmstadt die Uraufführrung "Komm, o Tod, du Schlafes Bruder" von Reinhard Karger (Jahrgang 1963) für achtstimmigen gemischten Chor, in Auftrag gegeben von der Kantorei an Sankt Martin. Grandiose, glasklare Klangsäulen lösen sich auf, wachsen wieder, gespenstisches "he-he"-Lachen darunter gemischt. Mit Akkordanklängen und Wortfetzen ("Schla-") ist der Schlußchoral aus Johann Sebastian Bachs "Kreuzstabkantate" BWV 56, vor allem im zweiten Satz, latent gegenwärtig. Fingerknöchel- und -nägel klopfen aneinander – von Karger in der Komponistenwerkstatt als "Beinhausmusik" charakterisiert –, mit gefalteten Händen simuliert der Chor hohl klopfend den Herzschlag, zieht wie im Schreck heftig den Atem ein, hält die Hand vor den Mund. Karger läßt vielfältige Assoziationen offen, reißt die traditionellen Töne und Worte zur Gegenwart hin auf. Daß der Tod sein Thema würde, war ihm sogleich klar, als er den Auftrag erhielt. Doch will er nicht, wie er im Gespräch betonte, "Bedeutung" direkt in Musik umsetzen. Kargers Partitur und die Interpretation durch das Vocalensemble ließen gleichermaßen den Respekt vor Bach spüren. So war es eine kongeniale Eingebung, daß Hans Darmstadt nach dem letzten gedehnten "mi---ch", ohne die Spannung auch nur für Sekundenbruchteile aufzugeben, attacca den Einsatz zu Bachs Motette "Komm, Jesu, komm" gab – wie ein geheilter Bruch, einer der bewegendsten Augenblicke dieser Tage.

Den zweiten und dritten Teil der Musiknacht prägten zwei in der Textmontage entfernt vergleichbare, kompositorisch jedoch ganz unterschiedliche oratorische Werke: die klangmächtige, eine quasi spätbarocke Haltung in freie Tonalität transformierende "Missa contraria" (1988/89) von Werner Jacob (Jahrgang 1938), musiziert von der Nürnberger "Cappella Sebaldina" unter dem Sebaldkantor Hans-Martin Rauch, und die Uraufführung der Kasseler Auftragskomposition "Requiem 2000 (Atemwende)" von Friedhelm Döhl (Jahrgang 1936). Jacob hält sich an das lateinische Meßordinarium, kontrastiert die tradierten Inhalte jedoch mit Hiob- und Psalmtexten oder Lyrik des 20. Jahrhunderts, vor allem des Schweizers Kurt Marti. Chor, Sologesang, Instrumente und Sprecher formulieren Zweifel, Fragen – "Gott wer bist du?" – auf der einen Seite, auf der andern Anbetung, Trost und trotziges Hoffen. Eine hoch expressive, ihre Botschaft mit reichen kompositorischen Mitteln auf große Wirkung hin inszenierende Missa, deren dramatisch-forensische Qualität mit Anklagen, Einsprüchen, Widerreden und Vergewisserungen im Kopf der Zuhörenden lebendig wird.

Bevor aber zu später Stunde und vom Hessischen Rundfunk live übertragen Döhls "Requiem" erklang, bekräftigte Darmstadt mit Heinrich Schütz, Marek Kopelent, Sven-David Sandström und Bach erneut ein Kasseler Charakteristikum, den aufregenden Gegenschnitt von Alt und Neu: in der vertrauten und doch wie nie vernommen klingenden Motette "Die Himmel erzählen die Ehre Gottes", in Kopelents "Requiem" für eine Stimme solo, das Mechthild Seitz anstelle einer ihr zugedachten, nicht rechtzeitig fertig gewordenen Uraufführung von Dieter Schnebel engagiert sang, und in Sandströms betörenden Klangekstasen mit Klimax und Antiklimax der Chorfantasie "Läge Januari 1980" (über "Jesus ist mein bester Freund"). Mit Bachs Herz und Kopf durchströmendem Orgelchoral "Vor deinen Thron tret ich hiermit" BWV 668 geleitete Zsygmond Szathmáry in die Pause.

Schließlich die Totenklage von Friedhelm Döhl, die Hans Darmstadt zu einem tief beeindruckenden Glanzpunkt der Musiknacht führte. Ein starkes Bläseraufgebot, virtuoses Schlagwerk, Solostimmen (Mechthild Seitz, Ekkehard Abele), Martins-Kantorei und Vocalensemble sind rundum im Kirchenraum verteilt, wechseln ihre Positionen, schaffen Klangbewegung im Raum. Dem lateinischen "Requiem" sind nur Worte des Anfangs und des "Dies irae" entnommen. Aus Posaunentönen, martialischen Trommel-Crescendi und Röhrenglocken wachsen in "Tuba mirum" wortlose Vokalisen der Altstimme. Zwei große Orgelsoli ragen heraus, "Offertorium" (Zsygmond Szathmáry und Andreas Maurer vierhändig) und "De profundis" (Szathmáry), souverän die Partitur in subtilen Farben, schmerzenden Clustern, markanten Pedalsignalen ausdeutend. Auch sonst hat die Orgel neben Flöte, Trompeten, Posaunen und Perkussion einen wichtigen Part. Komplexer, oft verstörender Solo-, Chor- und Sprechgesang, instrumentale Schärfen und Verschleierungen, Urgewalten und pianissimo-Wirbel des Schlagwerks geben den suchenden, skeptischen Texten von Georg Trakl, Paul Celan, Nelly Sachs und Jeanette Lander Ausdruck. Der Holocaust, sagte Döhl im Komponistengespräch, sei latent das Thema, dieses, sein, "Requiem" eine "unerläßliche Gegenwelt zur lateinisch-christlichen Tradition". In "Stille", dem siebten Stück, das den ersten Teil, "Sternverdunklung", beschließt, scheint (wie schon im Orgel-"Offertorium", nun gesungen) die Choralzeile "wenn mir am allerbängsten" aus Bachs Matthäus-Passion auf, grundiert vom Puls der großen Trommel. Am Ende des zweiten Teils, "Atemwende", und damit des ganzen Werks steht mit Nummer 15 der ruhige "Epilog", der wie einen Hoffnungsschimmer – Döhl: "ein Licht am Horizont" – die Offenbarung zitiert: "Und der Tod wird nicht mehr sein ..." Dann nur noch ein Orgelton.

Am Abend zuvor hatte das Vokalkonzert der "Schola Heidelberg" und des Instrumental-"ensemble aistesis" unter Walter Nußbaum mit seinem Programm, in manchen Texten nicht ganz fern vom Thema, bereits gezeigt, wie modern alte Musik und wie neu noch immer die Tradition der Moderne ist. Da standen die Zwei Lieder op. 19 (1926) von Anton Webern – der gemischte Chor apart instrumentiert mit Celesta, Gitarre, Geige, Klarinette und Baßklarinette – zwischen Madrigalen des Renaissance-Meisters Gesualdo di Venosa. Giacinto Scelsis rhythmisch pointiertes "TKRDG" von 1968, für Männerchor, elektrische Gitarre und Schlagzeug, ist so gut "Tradition" wie Xenakis' "Nuits" von 1967 mit ihrem zwölfstimmigen Gewirr, Zwitschern, Schreien, den Kantilenen und Klangglocken oder Helmut Lachenmanns "Consolation I" von 1967 für zwölf Stimmen und vier Schlagzeuger (auf einen Text aus "Masse Mensch" von Ernst Toller), in der all diese vokal-instrumentalen Stilmittel der sechziger Jahre souverän gehandhabt sind. Auch der Huber- und Lachenmann-Schüler Cornelius Schwehr gibt in "deutsche Tänze" (1989/90) einem langen Text aus Brechts "Flüchtlingsgesprächen" für fünf Frauenstimmen mit Atem- und Mundgeräuschen, Flüstern und unglaublichen Pianissimo-Tönen zeitnahe Befremdlichkeit.

Die Orgel allein trat dieses Jahr gegenüber den szenisch belebten Chorkonzerten etwas in den Hintergrund. Allerdings kam das Instrument der Martinskirche groß heraus, als in der "Filmnacht" – in Kooperation mit dem Filmladen Kassel – der Stummfilm "Der müde Tod" von Fritz Lang (1921) gezeigt wurde und Jürgen Essl, Lübeck, dazu fulminante Orgelimprovisationen lieferte. Nicht nur bereicherte damit ein weiteres "spielendes" Medium das Programm, sondern mit der Thematik wurde die filmhistorische Rolle der "Kino-Orgel" im Kirchenraum neu definiert. In der märchen- wie traumhaften Handlung stellt der Tod ein junges Paar dreifach auf die Probe, und neben den dramatisch-metaphysischen Szenen im altdeutschen Dorfmilieu geben besonders die in die Vergangenheit versetzten Schauplätze Bagdad, Venedig und China dem Organisten Gelegenheit zu einer spannungsreichen, tonmalenden Begleitmusik.

Im Orgelkonzert, in dem Andreas Jacob, Düsseldorf, die von ihm bestellten Werke von vier jüngeren Komponisten uraufführte, konnte der Solist zwar seine hohe Virtuosität beweisen. Doch fehlte jeder Bezug zu "Himmel, Hölle, Tod und Teufel", und die komplex gearbeiteten, etwas lang geratenen Werke ließen kaum eine individuelle, geschweige denn innovative Auseinandersetzung mit dem Instrument erkennen. Am ehesten noch Andreas Gürsching, Bremen, der "Eingriff und Wiederholung" (in überarbeiteter Fassung 2000) "einen schwebenden Prozeß für Orgel" nennt und bei den häufigen inneren Farbwechseln zwei Registranten eine wichtige, in eigenen Notensystemen festgehaltene Funktion zuweist. In "Aufbrüche – Verwerfungen" versucht der Nürnberger Gerald Eckert, der auch als bildender Künstler arbeitet, ausgehend von Gemälden Peter Casagrandes charakteristische Malprozesse in sein Komponieren umzusetzen. Im Programmheft und im Werkstattgespräch erläutert er das, zu hören sind stille dissonante Flächen, fluktuierende Einwürfe, Spiel mit der Windzufuhr. Eberhard Hüppe, Essen, der einzige Organist unter den vier Komponisten, schlägt mit seinem "Caprice sur le nom B.A.S.F." - und eben nicht B-A-C-H - buchstäblich kapriziöse Wege ein, spielt leichthin mit den vier Tönen und ihren Kombinationen. Kilian Schwoon, der zuletzt bei Luciano Berio studierte und zeitweilig in Italien lebt, sieht "In hydraulischer Landschaft" vielfältige Assoziationen, an die antike Hydraulis, die "Wasserorgel", an kommunizierende Röhren und die italienische Berufsbezeichnung "idraulico" für Klempner, an eine Art musikalischer "Landschaftsarchitektur". So wechseln flächige Klänge mit getupften Tönen, erregte Abschnitte mit ruhigen. Inmitten der jüngst entstandenen Stücke wirkte "In der Stille der Zeit" (1994) von dem jetzt siebzigjährigen Werner Heider mit seinem ruhigen, zunehmend in Bewegung aufgelösten Continuum wie ein Gruß aus der Vätergeneration.

Die interdisziplinär angelegte Thematik und die programmatische Berührung von Vergangenheit und Gegenwart waren beispielhaft gespiegelt im liturgischen Ablauf der Tage für Neue Musik und Theologie. Rückläufig bewegten sich gottesdienstliche Eröffnung, zwei Mittagsgebete und Schlußgottesdienst am Thema entlang, vom Teufel zum Himmel, von der Versuchung Jesu bis zum "Haus, nicht mit Händen gemacht, das ewig ist im Himmel". Eine geistliche Klammer, die in den Gottesdiensten mit Werken von Hans Darmstadt ihre musikalische Entsprechung hatte. Zwischen die Lesungen der Versuchungsgeschichte und das Glaubensbekenntnis waren fünf Meditationen für Violoncello und Orgel – 1978 für einen Karfreitagsgottesdienst entstanden – eingeblendet, die im Dialog der Instrumente von Erschrecken und Ausgesetztsein in die Stille führen. Und zum Ausklang des Eröffnungsgottesdienstes spielte Wolfram Geiss das Prélude aus Bachs vierter Cello-Solosuite Es-Dur BWV 1010. Im Abschlußgottesdienst am Trinitatisfest standen Darmstadts Choralintonationen und -begleitungen beispielhaft für heutiges, textbezogenes, nicht gefälliges Orgelspiel, das der Gemeinde die Ohren schärfen und die Herzen öffnen kann für das, was sie singt. Zentral nahm den Platz der Motette vor der Predigt das "Gloria" aus seiner "Missa hebraica" ein, das Ende 1999 uraufgeführt worden war. Ein faszinierendes, nicht leicht aufzunehmendes Werk, das in alttestamentlichem Hebräisch und mit deutschen Texten von Elie Wiesel und Rose Ausländer Gottes Nähe und Ferne, die hellen und dunklen Seiten des liturgischen Gloria aufnimmt. Auch hier: Choralsätze von Claude Goudimel (1565) und Heinrich Albert (1642), nach dem Segen die ganze Gemeinde mit Johann Sebastian Bachs Generalbaß aus dem Schemellischen Gesangbuch "Jesus, unser Trost und Leben". Ein Lied, in dessen Strophen noch einmal Himmel, Tod, "Höll und Teufel" – die Worte in der gedruckten Gottesdienstordnung wortspielerisch hervorgehoben – in Bewegung kommen, jetzt "überzwungen", "überwunden" durch das Leben.

Reinhard Gregor Kratz

Jenseitsvorstellungen im Alten Orient und im antiken Judentum

Den Liebhabern der Oper sind die Jenseitsvorstellungen des Alten Orients wohl-
vertraut, wenn nicht der Sache, so doch wenigstens dem Namen nach.

O Isis und Osiris, schenket
Der Weisheit Geist dem neuen Paar!
Die ihr der Wandrer Schritte lenket,
Stärkt mit Geduld sie in Gefahr.
Laßt sie der Prüfung Früchte sehen;
Doch sollten sie zu Grabe gehen,
So lohnt der Tugend kühnen Lauf,
Nehmt sie in euren Wohnsitz auf.

Mit diesem Lobpreis schließt der Aufmarsch von Sarastro und der Priester, bevor
Tamino, um die geliebte Pamina zu bekommen, seinen Gang an die Schwelle der
Unterwelt antritt und in die Mysterien eingeweiht wird, die "die Erde zum Himmelreich und die Sterblichen den Göttern gleich machen". Das aufgeklärte, in
eine Liebesgeschichte verpackte und mit dem Pathos der Humanität dekorierte
Freimaurerideal, dem Emanuel Schickaneder und Wolfgang Amadeus Mozart ein
Denkmal gesetzt haben, bedient sich eines ägyptischen Mythos, der über hellenistische Vermittlung Eingang in das Abendland fand. Mit den hellenistisch-römi-
schen Mysterienkulten hat das Libretto zu Mozarts Zauberflöte nur wenig, mit
den ägyptischen Originalen, die man damals noch gar nicht richtig lesen und verstehen konnte, gar nichts gemein. Und dennoch übte und übt der Stoff eine unge-
brochene Faszination aus, auch unabhängig von der Freimaurerideologie, ganz
einfach deswegen, weil sich mit den Namen Isis und Osiris das Geheimnis um
Werden und Vergehen und die unheimliche Liaison von Erotik und Tod verbindet.

Im folgenden möchte ich Sie etwas in die Vorgeschichte dieses Abklatsches des
orientalischen Altertums einführen, in die Welt der altorientalischen Jenseitsvorstellungen. Dank der Textfunde und Entzifferung von Hieroglyphen und Keil-

schrift ab der Mitte des 19. Jhs. haben sich für uns die Pforten in die Unterwelt der Ägypter und Babylonier aufgetan, wir wurden durch die Textfunde gewissermaßen in die alten Mysterien eingeweiht und verstehen seither die Jenseitshoffnungen besser, die über die jüdische und christliche Tradition auf uns gekommen und zum eigenen Kulturerbe geworden sind. Die Fülle der Texte und Vorstellungen ist beinahe unübersehbar, so daß ich nur eine Auswahl bieten kann. Der Vortrag hat drei Teile: 1. Überblick über die gemeinorientalischen Vorstellungen über Leben und Tod; 2. Ägypten; 3. Die jüdische Eschatologie im Alten Testament und in verwandten Schriften des antiken Judentums.

1. Überblick

Das Jenseits ist die andere Seite des Diesseits. Für den Menschen im Alten Orient ist das Diesseits das Leben, des Jenseits der Tod. Der Tod gilt gemeinhin als die natürliche Grenze des Lebens im Zyklus von Werden und Vergehen, die bis auf wenige Ausnahmen auch respektiert und nicht überschritten wird. "Er starb alt und lebenssatt", heißt es im Alten Testament. Doch mit dem Tod hört zwar das Leben, aber nicht die Existenz eines Verstorbenen auf, und umgekehrt ist das Leben nicht ohne den Tod zu denken.

Überall im Alten Orient nehmen die Bestattungsriten einen großen und wichtigen Platz im alltäglichen Leben der Menschen ein. Bestattungsart, Grabanlagen und Pflege der Nekropolen zeugen von der Auffassung, daß der Tote nach seinem Tod in irgendeiner Weise weiter existiert und sowohl der Zuwendung der Hinterbliebenen bedarf als auch eine Bedeutung für die Lebenden selbst hat. So werden dem Toten Grabbeigaben mit auf seinen Weg ins Jenseits, das Totenreich, gegeben; er selbst ist als Geist oder "Schatten", in Stelen oder in kleinen Figürchen anwesend und fordert auch nach dem Begräbnis dauernde Verpflegung und Verehrung im Toten- oder Ahnenkult. Der Totenkult gehört in den Bereich der Familie, verantwortlich sind die männlichen Nachkommen des Verstorbenen, er ist besonders für Königsfamilien, aber auch für gewöhnliche Sterbliche sowohl archäologisch als auch inschriftlich vielfach nachgewiesen.

In den Belegen werden lokale Unterschiede sichtbar, aufs Ganze gesehen lassen sich dabei zwei große geographische Räume unterscheiden: zum einen der syrisch-palästinische und mesopotamische, zum anderen der ägyptische Raum. In

Syrien und Mesopotamien stehen der Totengeist und sein Wesen unter den Verbliebenen, d.h. seine Rolle im Diesseits, im Zentrum, in Ägypten sind der Tote selbst, seine körperliche Weiterexistenz und sein Schicksal im Jenseits, konkret heißt das: die Mumifizierung und die Grabanlage, die Hauptsache.

Was den Zustand des Toten und die näheren Umstände seiner Weiterexistenz anbelangt, hat man sich, von Ägypten abgesehen, im allgemeinen wenig Gedanken gemacht. Der Verstorbene kann als Leichnam, Totengeist oder auch Gott bezeichnet werden, was zum Ausdruck bringt, daß er in eine andere, den Göttern nahe oder ähnliche Weise der Existenz übergegangen ist. Nach ägyptischer Anschauung wird er vergöttlicht. Als gottähnlicher oder gottgleicher Geist hält er sich in der Unterwelt auf, treibt aber auch auf der Erde unter den Lebenden sein Wesen oder Unwesen. Von ihm gehen gute wie schlechte Wirkungen und Einflüsse auf das diesseitige Leben aus. Er wird angerufen, um der Familie seinen Beistand zu gewähren, oder abgewehrt, wenn er - als Dämon - gefährlich zu werden droht. Für beides hat man entsprechende magische Texte formuliert und Techniken entwickelt.

Eine besondere Rolle spielen die Toten in der Mantik. Die Totengeister werden angerufen und die kleinen Figürchen, die die Toten repräsentieren, dazu benutzt, um Auskunft über die Zukunft zu erhalten. So geht in 1 Sam 28 auch der israelitische König Saul zu einer Totenbeschwörerin, der sog. Hexe von Endor, und läßt den Geist des Propheten Samuel rufen, der auch erscheint und Saul eine Strafpredigt hält: Saul soll das Königtum verlieren und bald sterben. Im Alten Testament gilt die Beschwörung des Totengeistes als Frevel. Saul geht darum incognito zur Totenbeschwörerin, Samuel beschwert sich, in seiner Ruhe gestört zu werden. Doch, was in dieser kuriosen Geschichte in polemischer Verzerrung erzählt wird, hat einen historischen Anhalt in der Religionsgeschichte Israels.

Der Tod und der Tote gehören also zum Leben dazu. Nur darf der Tod nicht vorzeitig ins Leben eingreifen. Solange das Leben währt, ist nicht der Tote, aber der Tod selbst immer auch der Feind des Lebens. Mitten wir im Leben sind, von dem Tod umfangen. Das ist die Devise, nach der im Mythos und in den Gebeten des Alten Orients und so auch in den Psalmen des Alten Testaments das Leben erfahren und gedeutet wird, z.B. Ps 116:

3   Stricke des Todes hatten mich umfangen,

Bedrängnisse der Unterwelt mich befallen,
in Not und Kummer fand ich mich ein.
4 Und ich rief den Namen Jahwes an:
Ach, Jahwe, rette mein Leben.
....
8 Ja, Du hast mein Leben aus dem Tod gerettet,
mein Auge vor Tränen,
meinen Fuß vor dem Fall.
9 Ich darf wandeln vor Jahwe im Land der Lebenden.

Was den von seinem Gott ins Leben zurückgerufenen Beter im einzelnen gequält
hat, wird nicht so recht deutlich. Der Tod hat in den Psalmen viele Gesichter,
Kummer und Sorgen, Schmerzen und Krankheit zählen ebenso dazu wie Bedro-
hungen von außen. Alles das sind Minderungen des Lebens, und sie gelten als
Übergriffe durch den Tod. Wem der Atem stockt und wer seine vitalen Bedürfnisse nicht befriedigen kann, wer seinen Trieb nicht ausleben kann, wer also
nicht satt, gesund und reich und mit alledem rundum zufrieden ist, der bewegt
sich nicht im Land der Lebenden, sondern in der Unterwelt, in der Scheol. Das
Leben ist durch den Gegensatz zum Tod bestimmt.
In diesem Gegensatz hat die Gottheit ihren Ort. Wendet Gott sein Angesicht zu,
hat der Mensch das Leben und Gott sein Lob, verbirgt er sein Angesicht,
herrscht der Tod und das Gotteslob verstummt. Die Vorstellung stammt aus der
kanaanäischen Mythologie. Wie der syrische Wetter- und Kriegsgott Baal muß
auch der israelitische Jahwe um seine Herrschaft über Himmel und Erde gegen
das Chaos, das Meer und den Tod, kämpfen. Mit dem Sieg über die Chaosmäch-
te erweckt er Jahr für Jahr die Erde zu neuem Leben und stellt dem Menschen
seine Lebensgrundlage bereit. Mit der Fruchtbarkeit des Ackers wird die menschliche Fortpflanzung gleichgesetzt. Die Anwesenheit des Chaoskämpfers im Tempel gewährt Schutz vor allem Übel. Ihr ist es zuzuschreiben, ob es einem gut
geht oder nicht, und insofern verdankt man Gott auch das Leben.
Wie im Mythos wird auch in vielen Gebeten, Klagen und Dankgebeten, dem Tod
und der Unterwelt eine Eigenmächtigkeit zugestanden, gegen die Gott, wenn er
nicht kämpfen will, ohnmächtig ist. Daß die Gottheit auf seiten des Lebens ist,
gilt als ausgemacht. Die Frage ist nur, ob er anwesend ist oder nicht, und dafür

wird er im Kult verehrt. Mit der Zeit wurde dem Tod diese seine Eigenmächtigkeit genommen. Dann ist es die Gottheit selber, die im Rhythmus von Werden
und Vergehen das Leben gibt und wieder entzieht.

So zeigt sich in einem ersten Überblick ein sehr weites Spektrum von Vorstellungen, die sich mit dem Tod und den Toten verbinden. Vorherrschend sind zwei
Aspekte.

Einmal der kosmologische Aspekt: Danach gibt es einen Bereich des Todes, die
Unterwelt, der ebenso wie der Himmel und viele Bereiche der Erde von Göttern
bewohnt ist und ein Eigenleben führt. Hier ist der Tod eine lebendige Macht und
die Totenwelt, das Jenseits, von Göttern belebt und beherrscht.

Der andere Aspekt ist der anthropologische: Danach bedeutet der Tod die Grenze
des Lebens. Zwar geht der Tote in das Totenreich, also in die von den Göttern
belebte Unterwelt ein, nimmt auch eine gottähnliche Existenzform an und existiert irgendwie weiter, doch ist – im Unterschied zu den Göttern – sein Leben
zu Ende.

Die beiden Aspekte berühren sich dort, wo das Leben in kosmologischen Katego-
rien gedeutet wird, das ist im Kult der Fall. Das Leben ist vom Tod dauernd bedroht, jede Bedrohung gilt als Übergriff des Todes auf das Leben, den eine Gottheit abwehren muß. Die beiden Bereiche berühren sich natürlich auch in der Weise, daß der Verstorbene in das Reich des Todes, ins Jenseits, eingeht. Doch, wie
gesagt, sein Leben ist zu Ende. Damit nehmen es die altorientalischen Zeugnisse
sehr genau. Nur ganz wenigen wird in besonderen Ausnahmefällen das "ewige
Leben" zugestanden, so z.B. Henoch in Gen 5, der nie gestorben ist, sondern vor
seinem Tod von Gott zu sich genommen wurde, oder Ziusudra bzw. (nach anderer Überlieferung) Utnapischtim, der Held der Sintflut, in der Bibel heißt er
Noach, der in den mesopotamischen Texten auf die Inseln der Seligen verbracht
wird und dort ewig lebt. Ansonsten aber sagen die Texte, daß dem Menschen das
ewige Leben, d.h. ein Weiterleben nach dem Tod im Jenseits verwehrt ist: So die
Schöpfungsgeschichte in Gen 2-3 oder das babylonische Gilgamesch-Epos, in
dem Gilgamesch das "ewige Leben" sucht, von dem Held der Flut, Utnapischtim
sogar das Kraut des "ewigen Lebens" verraten bekommt, es aber wieder verliert:
Als er an einem Brunnen Rast macht und das Kraut für einen Moment beiseite
legt, um zu trinken, frißt es ihm die Schlange weg, die sich auf der Stelle häutet.
Das bedeutet: Die Weiterexistenz der Toten im Jenseits, worauf sich die Begräb-

nisriten und der Toten- und Ahnenkult beziehen, ist etwas vollkommen anderes als das "ewige Leben", das den Göttern vorbehalten bleibt. Eine Jenseitshoffnung kennt der Alte Orient ursprünglich nicht – mit einer Ausnahme: Ägypten.

2. Ägypten

Wie überall im Alten Orient war auch in Ägypten der Toten- und Ahnenkult verbreitet, legen Gräber und Grabbeigaben Zeugnis ab von der gemeinorientalischen Vorstellung von der Weiterexistenz des Verstorbenen nach dem Tod. Doch anders als die Menschen in Syrien-Palästina und Mesopotamien beschäftigen sich die Ägypter darüber hinaus seit jeher, d.h. seit dem 3. Jts. bis in die jüngste Phase der ägyptischen Geschichte im 1. Jts. v. Chr., mit den näheren Umständen der Weiterexistenz nach dem Tod, mit der Lokalität und mit der Art und Weise, wie der Verstorbene dort weiterlebt bzw. zu neuem Leben erwacht. Die Ägypter beschäftigen sich mit dem Jenseits selber, ja sie haben das Diesseits gewissermaßen ins Jenseits verlegt. Nirgends ist so intensiv über das Jenseits, das Leben nach dem Tod, nachgedacht worden wie in Ägypten, und nirgends erfährt man so viel über die Ägypter, auch über ihren Alltag, wie in ihren Gräbern.

Der Grund für diese Besonderheit der Ägypter ist nicht leicht zu sagen. Für gewöhnlich macht man dafür die besonderen klimatischen Verhältnisse verantwortlich. In dem trockenen Wüstensand bleiben die Körper der Toten ziemlich lange unversehrt, und so nimmt man an, daß die Funde von unverwesten Leichen die Phantasie über das Leben nach dem Tod beflügelt und dazu angeregt hätten, die toten Körper durch Balsamierung und Mumifizierung künstlich zu erhalten. Doch das ist sicher nur einer der Gründe. Ein anderer, sehr viel gewichtigerer Grund ist in der ägyptischen Königsideologie zu sehen. Der ägyptische König, der Pharao, galt als Sohn und Inkarnation eines Gottes, er selbst wurde mit seiner Inthronisation schon zu Lebzeiten zum Gott und galt von daher als unsterblich. Und so ist es kein Zufall, daß die ägyptischen Jenseitsvorstellungen im Alten Reich im 3. Jts. beginnen und zunächst ausschließlich auf das Schicksal des Königs bezogen waren. Erst in jüngerer Zeit, ab dem Mittleren Reich im 2. Jts. sowie im Neuen Reich und in der Spätzeit gegen Ende des 2. Jts. und im 1. Jts., werden die Vorstellungen auf alle Toten übertragen, also auf alle gewöhnlichen Sterblichen, die nach ihrem Tod den Königen und Göttern gleich werden.

Auch die Vorstellungen vom Jenseits haben sich in Ägypten mit der Zeit entwickelt und gewandelt und sind immer komplexer geworden. Aus dem Ahnen- und Totenkult ist in Ägypten eine Wissenschaft des Jenseits geworden. Die Ägypter haben dafür eine eigene Literaturgattung geschaffen. Die ältesten Zeugnisse finden sich in den Pyramiden, den Gräbern der Pharaonen (Pyramidentexte), später auf den Särgen der Mumien (Sargtexte) und zuletzt im sogenannten Totenbuch, ein Kanon der Unterweltsliteratur, die auf die Wände von Gräbern geschrieben und gemalt oder auf Papyrus den Toten mit in den Sarg gelegt wurden. Das Totenbuch besteht aus einer umfangreichen Sammlung von Sprüchen, die den Weg des Verstorbenen in die Unterwelt beschreiben und Anweisungen geben, was ihn erwartet und was er zu tun hat.

Die älteste und einfachste Vorstellung ist die, daß der göttliche König, als Sohn des Sonnengottes Re heißt er Horus, und später jeder Sterbliche nach seinem Tod auf geheimnisvolle Weise verklärt wird und als einer der Polarsterne am Himmel leuchtet. Zu diesem Zweck spaltet sich die Person des Toten in verschiedene Teile: Sein Körper, die Mumie, und eine seiner Seelen, die Person-Seele Ka, eine Art Doppelgänger und Geist des Menschen, bleiben auf der Erde und sind hier Nutznießer des Totenkults. Von der Mumie und dem Ka trennt sich – nach den entsprechenden Bestattungsriten - eine andere Seele, ein Ach genannter Verklärungsgeist, der, bewegt von einer Bewegungsseele, dem vogelgestaltigen Ba, zum Himmel empor fliegt und zum Stern wird. Den Anfang macht hier also eine Art Anthropologie, die den Menschen in verschiedene Bestandteile aufspaltet, mit dem Ziel, ihn in die Sphäre der Götter zu rücken. Das Hauptinteresse ist von Anfang an die Regeneration des Toten, für die der Skarabäus (Mistkäfer), die Lotosblume und andere Symbole stehen.

Mit der Zeit verlagerte sich das Interesse vom Himmel in die Unterwelt, wo der Tote den Göttern - anders als im Leben, wo er ihnen nur im Bild, in der Statue, begegnet - von Angesicht zu Angesicht gegenübertritt, wo er Gott schaut und wo sich die "Verklärung" des Toten, Regeneration oder Wiedergeburt, ereignet. Das Gegenüber von Himmel und Unterwelt drückt sich aus in dem Antagonismus zweier ägyptischer Hochgötter, dem Sonnengott Re und dem Toten- und Unterweltsgott Osiris, der noch eine ganze Reihe von Gehilfen hat, seine Braut Isis, den Schreibergott Tot und den hundegestaltigen Anubis und andere. Sie sind Protagonisten einer reichen Mythologie, die von den Kämpfen und der Hierarchie unter den Göttern erzählt, an denen die Lebenden und die Toten Anteil haben. So ist der Sonnengott Re Herr über den Tag und das Leben, Osiris ist Herr über die Nacht und den Tod. Nachts, wenn die Sonne untergeht, taucht der Sonnengott jedoch ein in das Reich des Osiris, fährt in seiner Barke auf dem Urgewässer durch die Unterwelt und leuchtet diese gewissermaßen aus.

In diesen Rhythmus von Tag und Nacht, Leben und Tod, Werden und Vergehen in der Natur wird nun auch der Verstorbene einbezogen. Der Tote geht zunächst in das Reich des Osiris ein und hat dort allerlei Gefahren und Schrecknisse zu überwinden. Er selbst wird zum Osiris oder wünscht, zum Osiris zu werden, der von seinem Bruder, dem Gott Seth, einmal getötet wurde, aber – mit Hilfe von Isis - im Reich der Toten zum Herrscher über die Millionen von Toten aufgestiegen ist. Daraus ist später der Mythos von Isis und Osiris, von Tod und Wiedergeburt, geworden. Die Vorstellung steht etwas unausgeglichen neben der anderen, älteren Vorstellung von der Vergöttlichung des Toten, der als Stern am Himmel leuchtet. Den Ausgleich schafft der Sonnengott Re, wenn er des Nachts durch die Unterwelt fährt. In diesem Moment nämlich trifft die Bewegungsseele Ba, die den Lauf des größten aller Gestirne, der Sonne, mit vollzieht, auf den Körper des Toten, die Mumie und die Person-Seele Ka, und vereinigt sich mit ihnen. Erst diese Vereinigung von Ba und Ka, von Bewegungs- und Person-Seele beim Eintritt des Sonnengottes in die Unterwelt führt zur Verklärung, zur täglich neuen Wiedergeburt des Toten, der so zu einem Ach, einem Verklärten zugleich als Stern im Himmel und im Reich des Osiris wird.

Sie mögen daraus ersehen, wie sehr sich die alten Ägypter bemühten, sämtliche Vorstellungen des Jenseits zu berücksichtigen und nach Möglichkeit in einen sinnvollen Vorstellungszusammenhang zu bringen. Auch hier spielen sowohl anthropologische Aspekte, die Aufspaltung des Menschen in verschiedene Seinsformen, als auch kosmologische Aspekte, Himmel und Erde, Tag und Nacht usw., ineinander. Aber alles ist auf das Fortleben nach dem Tode ausgerichtet, auf die dauerhafte bzw. täglich neue Regeneration oder Wiedergeburt des Menschen. Dabei handelt es sich keineswegs um eine Wiedergeburt in das irdische Dasein, vielmehr um den Eintritt in eine andere, ewige Existenz. Im Grunde wird für die alten Ägypter erst nach dem Tod das Leben offenbar. Im Diesseits sieht man wie durch einen Spiegel, dann aber von Angesicht zu Angesicht (1 Kor 13,12; vgl. 2 Kor 5,1ff.). Der Tod ist nicht (nur) die destruktive Macht, die das Leben umgibt, sondern das Leben ist eine Durchgangsstation, eine Existenzform im Kreislauf von Werden und Vergehen, man kann auch sagen: der Vorhof der Ewigkeit. So bringt der Jenseitsglaube Licht in das Leben im Diesseits.

Das zeigt sich übrigens auch an einem anderen Zug der Jenseitsvorstellungen, die im einzelnen sehr detailliert und überaus facettenreich sind. Beim Eintritt in das Totenreich muß sich der Verstorbene für sein Leben verantworten: Er muß das Totengericht bestehen. Die Darstellungen zeigen eine Waage, auf der das Herz des Toten gewogen wird. Daneben steht der Schreibergott Tot, der penibel die guten und die schlechten Taten aufzeichnet, am Rande sitzen gierig der hundegestaltige Anubis und ein krokodilköpfiges Unwesen, das nur darauf wartet, das Herz aufzufressen, wenn die schlechten Taten überwiegen, und über allem wacht die Göttin Maat, daß der Wille und die Taten des Toten der göttlichen Weltordnung entsprechen. Das Totenbuch gibt Auskunft, was man im irdischen Leben tun und was man lassen muß, um im Totengericht zu bestehen. Neben der anthropologischen und der kosmologischen hat der Jenseitsglaube also auch eine ethisch-moralische Seite für das Leben im Diesseits. Das Totengericht dient so als Motivation für eine gerechte Lebensführung im Diesseits.

Man kann sich fragen, warum die alten Ägypter über einen Zeitraum von 3000 Jahren so sehr auf die Totenwelt und die Spekulationen über das Leben nach dem Tod fixiert waren. Alles in allem gewinnt man den Eindruck, das Leben im Jenseits sei ihnen sehr viel wichtiger gewesen als das Diesseits. Doch das ist falsch. Vielmehr drückt sich in dem Jenseitsglauben eine bestimmte Lebensauffassung aus. Sie ist nicht weniger diesseitig als die Auffassung anderer, die sich nicht so intensiv mit dem Jenseits beschäftigen. Das Gegenteil ist der Fall: Der Blick auf das Jenseits hält die Erinnerung an das eigene Herkommen, die Ahnen, und die Vergangenheit wach; er schärft den Blick für die anthropologischen, kosmologischen und ethischen Dimensionen des Diesseits; und er öffnet einen Blick in eine Zukunft, die das eigene Leben und die eigene Generation übersteigt. Erst der Gedanke der Ewigkeit verleiht dem Moment, in dem man selbst lebt, Würde und Wichtigkeit, geschichtliche Tiefe, einen Grund zur Verantwortung und die Hoffnung auf eine Zukunft. Ohne den Gedanken an die Ewigkeit ginge all das verloren.

3. Die jüdische Eschatologie

Während das alte Israel der ersten Hälfte des 1. Jts. v. Chr. ganz selbstverständlich den Toten- und Ahnenkult praktizierte und darüber hinaus keine Jenseitshoffnung hegte, bildet sich im jüngeren Judentum der zweiten Hälfte des 1. Jts., nach dem babylonischen Exil, allmählich eine eigene Eschatologie, d.h. eine Lehre von den letzten Dingen, heraus. Ihren Anfang nimmt sie allerdings nicht bei der Frage, ob es ein Leben nach dem Tod gäbe, sondern bei der nationalen Katastrophe, dem Untergang von Monarchie und Tempel. Der Untergang des Staates Israel im Jahre 720 v. Chr. und des Staates Juda im Jahre 587 v. Chr. bedeutete nichts weniger als das Scheitern der alten Nationalreligion und des Gottes Jahwe. Sollte Jahwe irgendeine Bedeutung behalten, mußte er eine andere Gestalt annehmen. Er tat es, und zwar zuerst in den Büchern der alttestamentlichen Propheten. Hier tritt ein ganz neuer Jahwe in Erscheinung. Es ist der Gott des Gerichts, der sich gegen sein eigenes Volk wendet und fremde Völker heranführt, um seinem Volk ein Ende zu bereiten. Das Volk Israel fällt dem Tod anheim, damit der Gott Jahwe überlebt. Und aus dem Gott des Gerichts, der die Beziehung zu seinem Volk beendet, wird der Gott des Gesetzes, der seinen Willen zur unbedingten Forderung erhebt, den göttlichen Willen, der über Leben und Tod entscheidet, an dem das Volk in der Vergangenheit gescheitert ist und den es für die Zukunft zu erfüllen gilt, soll das Volk eine Zukunft haben und sich die Katastrophe nicht wiederholen.

Im Judentum hat sich so – über die Gerichtspropheten und das göttliche Gesetz – die Transzendenz Gottes durchgesetzt, die der Deutung der Gegenwart des am Boden liegenden, zerstreuten Volkes Israel eine Vergangenheit und eine Zukunft gibt. Der Verlust des Tempels und der praktizierten Kultreligion, in der die Götter mit den Menschen verkehren und Gutes und Böses zuteilen, wird durch die Erinnerung an die eigene Geschichte, speziell die Nationalgeschichte des Volkes Israel, kompensiert: Wie der eine und derselbe Gott sein eines Volk einst erwählte und verlor, so möchte er es– unter der Bedingung des Gesetzesgehorsams oder aus reiner Gnade und Güte – auch wieder gewinnen. Auf dieser Basis entwickelt sich die jüdische Eschatologie, die Hoffnung auf eine Wiederherstellung des Gottesverhältnisses für das Volk oder den einzelnen, konkret: die Restitution von Königtum und Tempel, die Wurzel der messianischen Erwartung, die Sammlung des Volkes aus der Verbannung, die Vertreibung der Fremdmacht aus dem eigenen

Land, die Wiederaufrichtung der zwölf Stämme Israels, die gerechte Vergeltung für Gerechte und Gottlose.

Alles das aber sind Hoffnungen für das Diesseits, zwar für die nähere oder fernere Zukunft, aber jedenfalls für die noch Lebenden. Selbst die hier und da auftretende Hoffnung auf die Überwindung des Todes und die Auferstehung der Toten (z.B. Ez 37 oder Jes 24-27; vgl. auch Mal 3 und Dan 12, wo die Gerechten auferstehen und leuchten wie die Sterne) bewegen sich zunächst noch ganz im Rahmen dieser auf das Diesseits gerichteten nationalen Eschatologie. Zur Jenseitshoffnung wird die nationale Eschatologie erst in dem Moment, als sie in eine universale Heilserwartung umschlägt. Das ist in Ansätzen schon im Buch Daniel, dann aber vor allem in Schriften außerhalb des Alten Testaments, in den sogenannten Apokalypsen, der Fall.

Grundlage der Apokalypsen ist die Erfahrung der Heilsverzögerung. Je diffuser und bedrückender die Gegenwart erschien und je länger das Eingreifen Gottes zugunsten der Seinen auf sich warten ließ, desto mehr setzte die Eschatologie auf ein definitives und allumfassendes Ende, sprich auf das Ende der alten und den Anbruch einer neuen Welt. Das Diesseits soll ganz vom Jenseits abgelöst werden. Das Ende ist ein Ende mit Schrecken: Es tobt der Kampf zwischen Gut und Böse, Gott und Satan, Israel und den Völkern, den Gerechten und Gottlosen. Im Endgericht haben auch die Guten und Gerechten viel zu leiden und geraten in Bedrängnis, die Welt brennt und versinkt ins Chaos. Doch wer durchhält bis zum Ende, der wird gerettet und aufgenommen werden in die kommende Welt, in der Gott die Herrschaft übernimmt, in der die Bösen ihre gerechte Strafe und die Guten ihren Lohn bekommen, in der es weder Tod noch Leid, sondern nur noch die Seligkeit des Paradieses gibt. In die jüdische Eschatologie mischen sich Vorstellungen aus allen möglichen Kulturkreisen ein: Was das Leben nach dem Tod anbelangt, entdeckt man ägyptische Jenseitsvorstellungen wieder, dazu kommen iranische und hellenistische Einflüsse, die vielfach ihrerseits von ägyptischen und anderen altorientalischen Vorstellungen mit beeinflußt sind. Die Erwartung der kommenden Welt, die diese Welt hinter sich läßt, ist ein interkulturelles, synkretistisches Phänomen.

Um diese Entwicklung zu verstehen, muß man den zeitgeschichtlichen Hintergrund bedenken. Die apokalyptischen Vorstellungen entstanden in der hellenistischen Zeit, in der politische und kulturelle Umwälzungen an der Tagesordnung waren und ein Gefühl der Defizienz und Orientierungslosigkeit schufen. In dieser Situation bedeutete die Hoffnung auf die kommende Welt nicht etwa nur eine Flucht aus der Welt. Vielmehr ist für die Apokalyptiker die kommende in der gegenwärtigen Welt schon präsent, nur nicht auf Erden, sondern im Himmel, bei Gott und den Engeln, den personifizierten Sternen und Erben des altorientalischen Götterpantheons. Die Apokalyptiker unternehmen Himmelsreisen oder bekommen auf andere Weise die himmlischen Geheimnisse und die Vorgänge im Himmel, die ihrer Zeit weit voraus und längst entschieden sind, geoffenbart, um für die Gegenwart Orientierung zu geben und eine Perspektive zu eröffnen. Die Orientierung schließt konkrete Verhaltensregeln ein, die - wie das ägyptische Totenbuch für den Übertritt in das Totenreich - für den Eintritt in das Reich Gottes ethische Maßstäbe setzen, aber auch Trost für die Gegenwart spenden. Höllenangst und Sehnsucht nach dem Ende liegen dicht beieinander.

Ebenfalls aus der hellenistischen Zeit und den verschiedenen Einflüssen, denen sich die jüdische Eschatologie in dieser Zeit öffnete, sind die individuellen Jenseitsvorstellungen im Judentum um die Zeitwende erwachsen. Wenn schon das Weltende auf sich warten ließ und immer wieder nachberechnet werden mußte, sollte wenigstens für jeden einzelnen klar sein, was ihn nach dem Tode erwartet. Und so kommt es zu der Vorstellung, daß jeder nach seinem Tode das Weltgericht zunächst gewissermaßen für sich erfährt. Die Vorstellung eines individuellen Totengerichts, wie man es aus Ägypten kennt, hielt so - vermittelt über verschiedene religionsgeschichtliche Zwischenglieder - Einzug in die jüdische Eschatologie. Worauf es ankommt, formuliert die hellenistisch gefärbte Weisheit Salomos im 1. vorchristlichen Jh. so: "Der Gerechten Seelen sind in Gottes Hand und keine Qual rührt sie an. Nur nach dem Wahn der Unverständigen scheinen sie tot zu sein, [...] aber sie sind in Frieden." (SapSal 3,1ff.). Die Vorstellung der individuellen Vergeltung nach dem Tode hat die Erwartung des allgemeinen Weltgerichts teilweise vollkommen verdrängt, teilweise wurde sie damit ausgeglichen. Es entsteht die Vorstellung vom Zwischenzustand der Seele, die nach dem Tod ein vorläufiges und erst am Ende der Zeit bei der allgemeinen Totenauferstehung das endgültige Gericht erfährt und sich bis dahin an irgendeinem Ort im Hades oder im Himmel aufhält.

Einen solchen Ausgleich unternimmt schließlich auch das Neue Testament. Danach bricht mit dem Erscheinen Gottes in Jesus Christus, seinem Tod und seiner

Auferstehung, das Reich Gottes auf Erden bereits an, wird sich aber erst bei seiner Wiederkunft am Ende der Welt endgültig durchsetzen. Bis dahin leben die Menschen, die an Jesus Christus glauben und so Anteil an seinem Tod und seiner Auferstehung haben, sowohl im Leben als auch Tode in einem Zwischenzustand des Schon und Noch nicht. Im Leben wie im Sterben gehören sie Jesus Christus und sind bei Gott. Doch für alle steht die allgemeine Totenauferstehung, das Gericht und das Ende noch aus, bevor die Welt vollendet und Gott alles in allem ist (1 Kor 15).

Vergleicht man die jüdisch-christliche Eschatologie, auch die darin aufgenommenen und neu ausgebildeten Jenseitsvorstellungen, mit den altorientalischen Vorläufern, dann ist der Abstand nicht zu übersehen. Er ergibt sich nicht allein daraus, daß die Völker des alten Orients, Israel eingeschlossen, viele Götter verehrten, das Alte Testament hingegen nur einen Gott kennt, aber es hat etwas damit zu tun. Verantwortlich für die Sonderentwicklung in der jüdisch-christlichen Tradition ist die Transzendenz des Gottesbegriffs, d.h. die Entfernung und Entfremdung von Gott und Mensch. Man mag dies bedauern und die Ägypter und alle anderen beneiden, die mit ihren Göttern von Du zu Du standen oder doch wenigstens diesen Zustand, die Vergöttlichung des Menschen, erstrebten. Die jüdisch-christliche Tradition kennt nur noch den einen Gott, nach christlicher Auffassung den einen Gott in dem einen Menschen Jesus Christus. Diese Linie, die Gott und Mensch voneinander entfernt, führt nicht zur Vergöttlichung, aber zur Vermenschlichung des Menschen. Ganz sinnlos ist sie vielleicht also nicht.

Bärbel Beinhauer-Köhler

Jenseitswelten des Islam[1]

1. Ein Thema mit nachhaltiger Wirkung
Vor einigen Jahren besuchte ich in Kairo die al-Azhar-Universität, das religiöse
Zentrum des sunnitischen Islam. In der theologischen Fakultät verwickelten mich
immer wieder kontaktfreudige Studentinnen in Gespräche. Für sie war besonders
die Frage interessant, ob ich als Ausländerin Muslima sei. Da ich verneinte, erhielt ich regelmäßig den wohlmeinenden Rat, doch zu konvertieren. Ich müsse
doch wissen, daß mich im Jenseits als Nichtmuslimin, zudem eine, die die islamische Botschaft kennt, die Hölle erwarte. - Derartige Gespräche sind keine Ausnahme und lassen darauf schließen, daß in großen Bevölkerungsteilen bis heute
eine reale Furcht vor der Hölle besteht und man folglich vieles daran setzt, einst
ins Paradies zu gelangen.
Gleichzeitig kann nicht davon ausgegangen werden, daß alle Muslime bei den
Stichworten Himmel bzw. Paradies und Hölle die gleichen Assoziationen haben
oder im Laufe ihrer rund 1500 jährigen Geschichte je hatten. Die ersten islamischen Jenseitsvorstellungen weisen Spuren vorislamischer Ideen auf[2], sie haben
eine vielschichtige Entwicklung erfahren, wir finden ein Neben- und Miteinander
sowie den Widerstreit verschiedenartiger Vorstellungen; zum Teil schlagen sich

---

[1] An dieser Stelle möchte ich auf grundlegende Arbeiten zum Thema hinweisen, die im Anmerkungsapparat nicht mehr eigens genannt werden, die jedoch wichtige Hintergründe erschließen:
Jacques Waardenburg, 'Leben verlieren' oder 'Leben gewinnen' als Alternative in prophetischen
Religionen, in: Gunther Stephenson (Hg.), Leben und Tod in den Religionen. Symbol und Wirk-
lichkeit, Darmstadt 1980, 36-60. Der Autor geht in seinem systematisch-vergleichenden Aufsatz
sehr ausführlich auf islamische Vorstellungen ein. Eine reiche Materialsammlung, insbesondere
zu Paradiesvorstellungen, die sich in verschiedenartigen Texten niederschlagen, bietet Annemarie
Schimmel, The Celestial Garden in Islam, in: Elisabeth B. MacDougall / Richard Ettinghausen
(Hg.), The Islamic Garden. Dumbarton Oaks Colloquium of Landscape Architecture IV,
Washington 1976, 13-39. Darüber hinaus hat die Autorin in diversen Zusammenhängen wertvolle
Vorarbeiten zum Thema geleistet, wie aus dem Anmerkungsapparat ersichtlich wird. [Aus druck-
technischen Gründen wird in diesem Beitrag auf die korrekte Umschrift verzichtet, Anm. der Hg.]
[2] Die Entstehung islamischer Jenseitsvorstellungen vor dem Hintergrund älterer Religionen soll
nicht das Thema der folgenden Ausführungen sein. Bei Gelegenheit wird auf Einflußgeber einge-
gangen, es sollen jedoch vorwiegend die innerislamischen Entwicklungen aufgezeigt werden.

die Konzepte des Jenseits auch in nicht ausschließlich religiösen kulturellen Kontexten wie der Architektur oder der Musik nieder. Um diese Ausprägungen in sinnvoller Weise vorzustellen, bietet sich der Rückgriff auf Hans G. Kippenbergs Konzept einer "diskursiven" Religionswissenschaft[3] an: Ein Stichwort wie das des Jenseits im Islam ist in der religiösen Realität nicht eindeutig belegt, sondern weist je nach Zeit, Träger, religiösem oder kulturellem Kontext verschiedene Nuancen auf; es gilt, diese deskriptiv nachzuzeichnen.

2. Orthodoxe Jenseitsvorstellungen

1. Den maßgeblichsten Einfluß auf islamische Jenseitsvorstellungen übt der Koran aus. Dort wird als zentrale Botschaft immer wieder vor dem Jüngsten Tag gewarnt, bei dem Allah zu Gericht sitzen wird. Dabei verweist er die Ungläubigen und schlechten Menschen in die Hölle, die arabischen Termini lauten *al-jahannam* oder *al-hutama* bzw. *an-nar*, "das Feuer". Dieser Ort tut sich unter der Erde auf, dort haben die Höllenbewohner ewige Qualen zu erdulden. So heißt es in Sure 78:

21. Siehe, Dschehannam ist ein Hinterhalt,
22. Für die Übertreter ein Heim,
23. Zu verweilen darinnen Äone.
24. Nicht schmecken sie in ihm Kühlung noch Getränk
25. Außer siedendem Wasser und Jauche -
26. Eine angemessene Belohnung![4]

Ähnliche Beschreibungen finden sich im Koran immer wieder. An einigen Stellen werden darüber hinaus weitere Einzelheiten der Topographie der Hölle bekanntgegeben, u.a. in Sure 44:

43. Siehe der Baum Sakkûm

---

[3]   Hans G. Kippenberg, Diskursive Religionswissenschaft, in: Burkhardt Gladigow / Hans G. Kippenberg, Neue Ansätze in der Religionswissenschaft, München 1983, 9-28.
[4]   Die Koranzitate entstammen der Übersetzung von Max Henning (Übers.), Der Koran, Stuttgart 1984. Ähnliche Aussagen über die Hölle finden sich nahezu im gesamten Koran und verstärkt in den mekkanischen Suren.

44. Ist die Speise des Sünders;
45. Wie geschmolzenes Erz wird er kochen in den Bäuchen
46. Wie siedendes Wassers Kochen.

Die gläubigen Muslime gelangen ins Paradies, genannt arabisch *al-janna*, "der Garten", oder *al-jannat*, "die Gärten". Synonym wird dieser gottnahe Ort mit dem persischen Begriff *al-firdaus* bezeichnet oder mit *al-ʿadn*, "Eden", wie das Paradies der Genesis. Diese Bezeichnungen lassen erkennen, daß im Koran die himmlische Sphäre, die als der Ort Gottes und der Gläubigen nach dem Tode gilt, mit insbesondere alttestamentlichen Vorstellungen vom Aufenthaltsort der ersten Menschen, dem Paradies, verschmolzen ist. Gleich mehrere Aspekte islamischer Paradiesverheißungen werden in Sure 76 erwähnt:

12. Und er belohnt sie für ihre Standhaftigkeit mit einem Garten aus Seide.
13. Gelehnt in ihm auf Hochzeitsthronen, sehen sie in ihm weder Sonne noch schneidende Kälte,
14. Und nahe über ihnen sind Schatten, und nieder hängen über sie ihre Trauben,
15. Und es kreisen unter ihnen Gefäße von Silber und Becher wie Flaschen,
16. Flaschen aus Silber, deren Maß sie bemessen.
17. Und sie sollen darinnen getränkt werden mit einem Becher, gemischt mit Ingwer;
18. Eine Quelle ist darinnen, geheißen Salsabîl -
19. Und die Runde machen bei ihnen unsterbliche Knaben; sähest du sie, du hieltest sie für zerstreute Perlen.
20. Und wenn du hinsiehst, dann siehst du Wonne und ein großes Reich.
21. Angetan sind sie mit Kleidern von grüner Seide und Brokat und geschmückt sind sie mit silbernen Spangen, und es tränkt sie ihr Herr mit reinem Trank.

Das Paradies ist demnach ein Ort ewiger Freuden. Die Oasenmotivik scheint auf die Bewohner der kargen Arabischen Halbinsel zugeschnitten zu sein: Das Paradies ist schattig und kühl, von Wasserläufen durchzogen, seine Bewohner ruhen auf Kissen und laben sich an erfrischenden Getränken. Diese werden ihnen von hübschen Dienern gereicht. In anderen Suren, beispielsweise Sure 78,31-36, wird den männlichen Adressaten die verheißungsvolle Begegnung mit paradiesischen Jungfrauen in Aussicht gestellt:

31. Siehe, für die Gottesfürchtigen ist ein seliger Ort,

32. Gartengehege und Weinberge.

33. Jungfrauen mit schwellenden Brüsten, Altersgenossinnen

34. Und volle Becher.

35. Sie hören darin weder Geschwätz noch Lüge -

Aber auch weiblichen Verstorbenen steht das Paradies offen, wie u.a.[5] Sure 57, 12 enthüllt:

12. Eines Tages wirst du die Gläubigen, Männer und Frauen, sehen, ihr Licht ihnen voraneilend und zu ihren Rechten. "Frohe Botschaft euch heute! Gärten, durcheilt von Bächen, ewig darinnen zu weilen! Das ist die große Glückseligkeit."

Auch die Topographie des Paradieses weist laut Koran einige besondere Stätten auf: In Sure 53,14 ist vom "Lotosbaum der äußersten Grenze" (*sidrat al-muntaha*) die Rede, welchen spätere Überlieferer[6] rechts neben dem Thron Gottes verorten. Hinzu kommt ein zweiter Baum besonderer Qualität, der *shajarat at-tuba*, "der Baum des Glücks" (Sure 13,29)[7]. Mehrere Quellen werden namentlich genannt, so die bereits erwähnte *salsabil* (76,18) und eine weitere Quelle namens *kafur* (Sure 76,5), aus der Kampfer sprudeln soll. Ein viertes Gewässer ist ein Nektarquelle namens *tasnim* (83,26f.). Spätere Kommentatoren deuten diese Orte mal als Quellen, mal als Fluß. Die koranische nicht näher bestimmte Bezeichnung *kauthar* (Sure 108,1) wurde von Korankommentatoren als Fluß interpretiert[8]. Insgesamt scheint sich die Tatsache, daß im Koran vier Gewässer namentlich genannt werden, mit der Vorstellung aus Gen 2,10-14 überlagert zu haben, wo von den vier im Garten Eden entspringenden Flüssen die Rede ist. Der beschriebene koranische Motivkomplex ist aufgrund der dominanten Stellung des

---

[5] So auch 9,72; 13,23; 16,99; 33,35 u. 73; 36,56; 48,5; 57,12. Siehe ferner J. Smith / Y. Haddad, Woman in the Afterlife. The Islamic View as Seen from Quran and Tradition, in: Journal of the American Academy of Religion 43,1 (1975) 39-50.

[6] Siehe dazu die Verweise bei A. Rippin, Art. 'Sidrat al-Muntaha', in: EI² IX, Leiden 1997, 550.

[7] Annemarie Schimmel, Die Zeichen Gottes, Die religiöse Welt des Islam, München 1995, 43.

[8] Zu allen vier Gewässern finden sich Informationen in J. Horovitz / L. Gardet, Art. 'Kawthar', in: EI² IV, Leiden 1978, 805f.

Koran der Ausgangspunkt sämtlicher im Folgenden zu schildernden Entwicklungen.

2. In den ersten Jahrhunderten seit der Verkündigung der islamischen Botschaft zeichneten sich Grundlinien theologischer Auseinandersetzungen ab. Dabei wurde die Frage diskutiert, wie wörtlich man die koranischen Bilder nehmen solle. In diesem Zusammenhang wurden auch die soeben aufgezeigten Perspektiven eines Lebens nach dem Tode hinterfragt. Stimmen wurden laut, daß Paradies und Hölle nicht im wörtlichen, bildhaften Sinne sondern übertragen zu verstehen seien[9]. Der Schöpfer eines alle sunnitischen Muslime vereinenden theologischen Gesamtentwurfs, ash-Shafi°i (gest. um 936), formulierte demgegenüber ein Glaubensbekenntnis, das bis heute für die Mehrheit der Muslime verbindlich ist. Dort heißt es über das Jenseits:

"Sie bekennen, daß das Paradies Wahrheit ist und auch das Höllenfeuer, daß die Stunde [das Jüngste Gericht] kommen wird ohne Zweifel und daß Gott diejenigen auferwecken wird, die in den Gräbern sind."[10]

Also sollen die im Koran geschilderten Jenseitswelten wörtlich als reale Bedrohung oder Verheißung verstanden werden; wie dies bis heute vermutlich die Mehrheit der Muslime tut. Dieser Tradition sind auch die muslimischem Theologiestudentinnen zuzurechnen, von denen ich anfangs berichtete.

Die Frage nach dem Fegefeuer oder einem Ort, an dem die Seelen der Verstorbenen bis zum Jüngsten Tag verweilen, stellte sich zur Zeit Muhammads nicht und wird auch nicht in den Koransuren beantwortet. Erst als das dort für die nahe Zukunft angekündigte Gericht ausblieb, wurde auch dieser Punkt in Theologenkreisen diskutiert. Es ist anzunehmen, daß dabei christliche, in dieser Frage differenzierte Vorstellungen, die Muslime zu eigenen Überlegungen anregten.

---

[9] Dazu mehr u. in dem Abschnitt 4. Die Transzendierung der orthodoxen Vorstellungen.
[10] Ash°ari zitiert nach Gerhard Endreß, Einführung in die islamische Geschichte, München 1982, 64.

So deuteten Korankommentatoren[11] den dreimal im Koran auftauchenden Terminus *barzakh* (Sure 23,100; 25,51; 55,20), eigentlich "Schranke", als die Zeitspanne zwischen dem Tod und der Auferstehug, während der die Körper in den Gräbern liegen. Über den Zustand und Aufenthaltsort der Seelen während dieser Periode exisiteren diverse, auch widersprüchliche Aussagen. Zu diesem Thema hat sich keine ganz verbindliche Meinung durchgesetzt. Man nimmt einerseits an, daß ein Engel namens ʿIzraʾil den Seelen nach dem Tod hilft, dem Körper zu entweichen. Dem steht die Vorstellung entgegen, daß die Engel Munkar und Nakir die Toten unter Anwendung auch körperlicher Gewalt einer peinlichen Befragung unterziehen, um das Bekenntnis der Verstorbenen und ihre Taten zu erforschen. Eine solche Befragung ist nur sinnvoll, wenn man auch nach dem Tod von einer Gesamtheit von Körper und Seele ausgeht. Nach der Befragung durch die beiden Engel folgt in einer Vorwegnahme der endgültigen Aufenthaltsorte für die Bösen eine Fortsetzung der ungemütlichen Fragesituation, während die Guten dem Gericht in angenehmem Zustand entgegensehen; insgesamt sollen sich die Toten in dieser Periode in einer Art Schlaf befinden.

3. Die bildreiche volkloristische Weiterentwicklung

1. In Koransuren wie islamischen Überlieferungen wird ein Motiv erwähnt, das sich über die Jahrhunderte außerordentlicher Beliebtheit erfreute und welches deutlich zur Erweiterung der Jenseitsvorstellungen beitrug: das der Nacht- bzw. Himmelsreise des Propheten (*al-israʾ wa-l-miʿraj*). Der koranische Vers, der Muhammads Nachtfahrt von Mekka nach Jerusalem erwähnt (Sure 17,1), und derjenige, in dem auf sieben Himmelssphären hingewiesen wird (67,3), sind in der Sunna, den Erzählungen über das Tun und Reden Muhammads, zu einer ganzen Erzählung ausgeschmückt worden: Der Prophet soll demnach im Jahr 621 vom Engel Gabriel geführt auf einer Stute namens Buraq erst nach Jerusalem geflogen

---

[11] Insbesondere al-Ghazali (gest. 111). Dazu mehr in dem sehr informativen Artikel von Marilyn Robinson Waldman, Art. 'Islamic Eschatology', in: ER V, New York 1987, 152-156, hier: 153. Ferner Adel Theodor Khoury, Der Islam. Sein Glaube, seine Lebensordnung, sein Anspruch, Freiburg 1992, 117f.; siehe auch die Suren 32,11 und 30,55.

und von dort durch die sieben Himmel zu Allah aufgestiegen sein[12]. In den sieben Himmeln begegnen ihm die früheren Propheten des Islam: Adam, Jesus, Joseph, Idris, Aaron, Moses und Abraham. Schließlich gelangt er zu Gott und betritt das Paradies. Diese Legende wurde von Überlieferern, in der mystischen Poesie und in volkstümlichen Gedichten und Liedern immer wieder neu erzählt und immer weiter ausgeschmückt und variiert. In einer Handschrift des "Buchs der Himmelsreise" (*Mi'raj-name*) aus Herat aus dem 15. Jahrhundert[13] wird eine ausführliche Jenseitsreise vorgestellt und farbig illustriert. Sie liegt in einer Faksimile-Edition von Marie-Rose Séguy unter dem Titel *Muhammeds wunderbare Reise durch Himmel und Hölle* vor. Wir sehen dort drei palastartige Tore zum Paradies [Abb. 39]. Davor fließt der in diesem Fall prächtig eingefaßte Fluß Kauthar. In den Gärten erheben sich weitere Paläste für verstorbene Frauen, die ein besonderes frommes Leben geführt haben [Abb. 43]. Die Huris reiten zu ihrem Vergnügen auf Kamelstuten und reichen sich Blumensträuße [Abb. 42], auf einer anderen Abbildung [Abb. 41] wird das Bild des Friedens dadurch veranschaulicht, daß Vögel auf den Häuptern der Paradiesjungfrauen sitzen. Der Lotosbaum der äußersten Grenze ist in der Handschrift bereits im siebten Himmel angesiedelt [Abb. 31]. Ihn schmücken Edelsteine und an seinem Fuß entspringen die vier im Koran erwähnten paradiesischen Quellen bzw. Flüsse.

In dieser Version folgt im Anschluß an den Besuch des Paradieses der der Hölle. Wir sehen unten v.a. [Abb. 46] die Verleumder, denen schwarze Teufel das Fleisch aus dem Leib schneiden und sie zwingen, es zu verzehren, wir sehen [Abb. 53] die Ehebrecherinnen an ihren Brüsten aufgehängt, und wir begegnen [Abb. 45] dem bereits im Koran erwähnten Höllenbaum Zaqqûm. Er trägt Nadeln wie Lanzen, seine Früchte aus bedrohlichen Tierköpfen sind bitter wie Gift; nachdem die Höllenbewohner davon gegessen haben, schneiden ihnen Teufel die Zungen aus dem Leib.

---

[12] Ibn Hisham, as-Sira an-nabawiya, Bd. I, 2. Aufl. Kairo 1375/1955, 403ff; übersetzt in: Gernot Rotter (Übers.), Ibn Ishâq. Das Leben des Propheten, Stuttgart/Wien ³1986, 78-86. Hier ist im ersten Himmel ein Höllenszenario angesiedelt. Darin ziehen die unterschiedlichen Seelen der Verstorbenen am Propheten vorüber, wobei die der schlechten Menschen bereits als Folge ihrer spezifischen Strafen verunstaltet sind, 84.
[13] Manuscrit Suppl. Turc 190 der Bibliothèque Nationale Paris, ediert von Marie-Rose Séguy, Muhammeds wunderbare Reise durch Himmel und Hölle, München 1977.

Literaturwissenschaftler halten das Motiv der Himmelsreise des Propheten für eine mögliche Inspirationsquelle für Dante Alighieris "Göttliche Komödie"[14]. Ein Zwischenglied der Vermittlung könnte die literarische Abwandlung des Motivs im Roman des syrischen Literaten und Freigeistes al-Maᶜarri (973-1057) sein[15]. In *Risalat al-ghufran*, "Die Schrift der Vergebung"[16], reist ein Erzähler durch imaginäre Himmel und Höllen. Der Autor greift dabei die bekannten Elemente auf, erweitert das Szenario jedoch durch Gestalten der seinerzeit bekannten Literaturwelt. Vor allem im Paradies trifft der Protagonist zahlreiche Dichter aus vorislamischer Zeit. Leider sind heute viele der Anspielungen auf damals bekannte Persönlichkeiten nicht mehr verständlich. Dieses Beispiel zeigt jedoch, daß das Motiv der dem Diesseits über- bzw. untergelagerten Welten die Phantasie stark beschäftigt hat. Und dies erstreckte sich nicht nur auf die Welt der Religion, das Motiv wurde vielmehr auch in verschiedenen kulturellen Bereichen, wie hier der Literatur, aufgegriffen.

2. Eine auffällige Erweiterung erfuhr die Topographie des Paradieses insbesondere in schiitischen Texten. Vom 7. bis zum 10. Jahrhundert bildeten die Schiiten eine religiös-politische Opposition weitestgehend ohne dauerhafte Gruppenbildung und ohne eine Schicht von Theologen, die die im Volk kursierenden Vorstellungen erfolgreich hätten lenken können. In dieser Periode entstand eine reichhaltige Überlieferungsliteratur, die die Geschehnisse der islamischen Frühzeit und die um die schiitischen Hoffnungsträger, die Imame, in großartigen Bildern verklärte. Wenn für die Schia bedeutende Gestalten agieren, so ist in diesen Überlieferungen der ganze Kosmos in Bewegung, sind insbesondere das Paradies und die himmlische Sphäre involviert. So heißt es - um ein Beispiel zu geben - in einem Bericht über die Hochzeit Fatimas, der Tochter des islamischen Propheten, mit ᶜAli, den sich die Schiiten als ersten Nachfolger Muhammads gewünscht hätten:

"Allah hat den Bewohnern des Paradieses, Engeln und wer darinnen lebt, befohlen,

---

[14] Annemarie Schimmel, Und Muhammad ist Sein Prophet. Die Verehrung des Propheten in der islamischen Frömmigkeit, Düsseldorf/Köln 1981, 154.
[15] Carl Brockelmann, Geschichte der Arabischen Litteratur. Suppl. I, Leiden 1937, 449-454.
[16] Abu l-ᶜAla' al-Maᶜarri, Risalat al-ghufran, hg. v. Bint ash-Shati', Kairo ²1950.

die Gärten in ihrer Gesamtheit zu schmücken, mit (all) ihren Beeten und Bäumen, Früchten und Palästen. Er befahl dem Paradieswind, und er blies mit (verschiedenen) Arten des Parfüms und des Wohlgeruchs. Und er befahl den Huris, die SurenTa-ha und Ya-sin und Ha-mim-°ain-sin-qaf[17] zu rezitieren. Darauf rief der Herold von unterhalb des Thrones: Ist heute nicht der Tag des Gastmahls °Alis? Bezeuge ich euch nicht, daß ich zu meinem Wohlgefallen Fatima mit °Ali verheiratet habe? Dann schickte Allah seine Preisungen in Form einer weißen Wolke, und es regnete von deren Perlen, Edelsteinen und Saphiren. Die Engel standen da und verstreuten Ähren und Nelken (des Paradieses). Das ist es, was die Engel verstreuten."[18]

Es ist auffällig, daß bei derartigen Beschreibungen wie schon bei der Himmelsreise des Propheten der lineare Zeitstrom der islamischen Heilsgeschichte außer Kraft ist, demzufolge das Paradies erst am Jüngsten Tag, nämlich für die Verstorbenen, bedeutsam wird. In den schiitischen Überlieferungen sind historische Ereignisse mit den himmlischen durch das beide Sphären umfassende Wirken Allahs verknüpft.

4. Die Transzendierung der orthodoxen Vorstellungen

1. Während die Mehrheit der Muslime mehr oder weniger ausgeschmückte bildhafte Vorstellungen vom Jenseits hegt, haben sich immer wieder einzelne von diesem Konzept distanziert: Dies galt zunächst von Mystikern, den Sufis, die ihr Leben nicht primär auf eine Jenseitshoffnung ausrichteten, sondern schon in diesem Leben Allah nahe kommen wollten. Ein sehr bekanntes Beispiel ist die bereits 801 n. Chr. verstorbene Rabi°a al-°Adawiya aus Basra. Über sie wird folgende Legende erzählt:

"Man sah sie in den Straßen von Basra, mit einem Eimer in der einen Hand und einer Fackel in der anderen. Gefragt, was das bedeute, antwortete sie: "Ich will Wasser in die Hölle gießen und Feuer ans Paradies legen, damit diese beiden Schleier verschwinden und niemand mehr Gott aus Furcht vor der Hölle oder in Hoffnung auf das Paradies anbete, sondern nur noch um Seiner ewigen Schönheit willen."[19]

---

[17] Die Namen der Suren 20 und 36 sowie vermutlich 27 und 42.
[18] Ibn Shahrashub, Manaqib al Abi Talib, 3 Teile in 1 Bd., hier Teil 3, Najaf 1956, 124.
[19] Zitiert nach Annemarie Schimmel, Gärten der Erkenntnis, Düsseldorf/Köln 1982, 21.

Ein wenig prosaischer formulierte es Mirza Ghalib (1797-1869), ein indischer Sufi:

"Was interessiert mich ein Paradies voller Huris, die tausende von Jahren alt sind?"[20]

Streng genommen sagen beide Mystiker nicht, daß sie nicht an ein ewiges Leben nach dem Tod in Paradies oder Hölle glauben, diese Orte verblassen jedoch angesichts Gottes, den schon im Diesseits zu erkennen das wahre Ziel des Sufis ist. - Einen solchen Weg der absoluten Hingabe an Allah sind sicherlich nur wenige gegangen. Es darf auch nicht der falsche Eindruck entstehen, Sufis glaubten generell nicht an Paradies oder Hölle. Es findet vielmehr durch die Erfahrung der unio mystica im Leben eine gewisse Vorwegnahme paradiesischer Zustände statt. Mystische Unio-Erlebnisse werden sogar häufig mit paradieshaften Metaphern geschildert. Besonders Jalal ad-Din Rumi (gest. 1273), auf dessen Wirken die sogenannten "Tanzenden Dervische", die Mevlevis, zurückgehen, hat immer wieder Bilder von Gärten verwendet, um die verspürte Präsenz Allahs auszudrücken:

IM GARTEN sind tausend Entzückende fein
Und Rosen und Veilchen mit Düften so rein
Und rinnendes plätscherndes Wasser im Fluß -
Dies alles ist Vorwand: Er ist es allein![21]

Sowohl irdische als auch paradiesische Gärten werden in diesem Vers in einem dem Pantheismus ähnelnden Bild transzendiert: Die geschilderte Pracht hat keinen eigenen Bestand und Wert. Die gesamte Schöpfung geht in ihrem Ursprung auf Allah zurück.

2. Einen weiteren unorthodoxen Weg der Deutung von Paradies und Hölle beschritten mittelalterliche Philosophen. Bekanntermaßen gab es in der islamischen

---

[20] Annemarie Schimmel, Gabriel's Wing. A Study to the Religious Ideas of Sir Muhammad Iqbal (Studies in the History of Religions. Supplements to Numen VI), Leiden 1963, 285.

[21] Zitiert ebenfalls nach Schimmel, Gärten der Erkenntnis, 150.

Philosophie durch die Rezeption antiker Autoren wie Aristoteles oder Plotin eigenständige Entwürfe, die sich ein ganzes Stück von der islamischen Theologie entfernten. Hier ist der syrische Aristoteliker al-Farabi (870-950) zu nennen. Er entwickelte ein Konzept, bei dem die Glückseligkeit (*as-saʿada*) als erstrebenswerter Zustand für das diesseitige wie das jenseitige Leben gilt. Auf das Leben nach dem Tode bezogen, bedeutet dies, daß der Mensch in diesem Leben versuchen muß, seine Seele so weit zu vervollkommnen, daß sie sich nach dem Tod des Körpers von diesem trennen kann, um in einem Zustand ewiger Glückseligkeit zu verbleiben. Paradies und Hölle sind in diesem Entwurf in seelische Zustände überführt: Es gibt Menschen, die es nicht vermögen, ihre Seele so weit zu entwickeln, daß sie sich vom Körper trennen kann. Die Seele vergeht wie der Leib - dies entspricht der Hölle. Anderen gelingt durch die Trennung vom vergänglichen Körper der Erhalt der Seele, und sie erreichen den Zustand ewigen Glücks - das Paradies. Verbunden ist diese Vorstellung mit einem neuplatonischen Modell von zehn aus dem göttlichen Ursprung emanierten Intellekten, die den Planetensphären gleichgesetzt sind. Darunter schließt sich die sublunare irdische, materielle Welt an. In ihr leben die Menschen, die jedoch über ihren Verstand an den emanierten Intellekten teilhaben und durch diese Verbindung zurück zu Allah streben[22].

Insgesamt weist dieser Entwurf wie ähnliche philosophische Konzepte nur geringe islamische Bezüge auf. Von der islamischen Theologie verurteilt konnten sich solche übertragenen Deutungen von Paradies und Hölle nicht durchsetzen.

3. Erst unter dem Einfluß moderner westlicher Ideen sind wieder starke Umdeutungen der koranischen Paradies- und Höllenvorstellungen vorgenommen worden[23]. Der äußerst einflußreiche indo-pakistanische Denker Muhammad Iqbal

---

[22] Siehe dazu William M. Watt / Michael Marmura, Der Islam II. Politische Entwicklungen und theologische Konzepte (Die Religionen der Menschheit 25,2), Stuttgart u.a. 1985, 354 sowie Johann Chr. Bürgel, Allmacht und Mächtigkeit. Religion und Welt im Islam, München 1991, 131.
[23] Diesem Ansatz folgten jedoch auf dem Fuße am traditionellen Bild anknüpfende Interpretationen. Eine solche wurde im folgenden Artikel untersucht: Rudolph Peters, Resurrection, Revelation and Reason. Husayn al-Jisr (d. 1909) and Islamic Eschatology, in: Jan Maarten Bremer u.a. (Hg.), Hidden Futures. Death and Immortality in Ancient Egypt, Anatolia, the Classical, Biblical and Arabic-Islamic World, Amsterdam 1994, 221-231; eine islamistische Publikation erschien

(ca. 1873-1938) versuchte nach Studienjahren in Cambridge und Heidelberg eine Neudeutung des Islam und dabei auch seiner Jenseitsvorstellungen. Für ihn ist dabei in der Nachfolge Goethes und verschiedener europäischer Philosophen[24] die Idee der "unsterblichen Seele" ein zentraler Gedanke; es gilt die individuelle Seele intellektuell und ethisch zu vervollkommnen, um ihr nach dem Tod Bestand zu verleihen. Himmel und Hölle spielen dabei keine Rolle. Sie sind nur Umschreibungen für diesseitige seelische Erfahrungen. Er schreibt:

"Hölle ist die schmerzhafte Realisation menschlichen Versagens,
Himmel ist die Freude des Triumphes über die Kräfte der Desintegration."[25]

5. Die Umsetzung von Jenseitsvorstellungen im kulturellen Bereich

1. Die Vorstellungen vom Paradies scheinen im Gegensatz zu denen von der Hölle auch in Wechselwirkung zur bildenden Kunst und Architektur zu stehen: Häufig werden von Kanälen durchzogene Gärten mit geometrisch angelegten Beeten als Umsetzung der Vorstellung von den vier Paradiesflüssen gedeutet. Palastgärten der gesamten islamischen Welt wurden in dieser Weise angelegt, vermutlich nach dem Vorbild des persisch-sasanidischen, durch Kanäle viergeteilten Gartens namens Cahar Bagh[26]. Aber nur selten ist nachweisbar, daß Gartenbenutzer mit spezifischen architektonischen Elementen auch paradiesische Assoziationen verbanden. Dies trifft - allerdings mit negativen Folgen - auf den andalusischen Herrscher al-Maʿmun (11.Jh.) zu, der in Toledo einen Garten errichten ließ. Dort soll inmitten eines Bassins, von einem Springbrunnen umschlossen unter einer

---

übersetzt auf dem deutschen Buchmarkt: Imam Abd ar-Rahim ibn Ahmad al-Qadi, Das Totenbuch des Islam. Die Lehren des Propheten Mohammed über das Leben nach dem Tod, Freiburg u.a. 1993.

[24] Schimmel nennt Heinrich Scholz, Rudolf Pannwitz u.a.: Schimmel, Gabriel's Wing, 283f.

[25] Muhammad Iqbal, Six Lectures on the Reconstruction of Religious Thought in Islam, Lahore 1930, 123, zitiert bei und aus dem Englischen übersetzt von Schimmel, Gabriel's Wing, 282.

[26] Maria J. Rubiera y Mata, Der islamische Garten als Mataphor des Paradieses, in: Attilio Pettruccioli (Hg.), Der islamische Garten, Stuttgart 1995, 13-24, hier: 13, 15 sowie James L. Wescoat Jr., Das Wasser in den islamischen Gärten: Religion, Repräsentation und Realität, in: Pettruccioli (Hg.), Garten, 109-126, bes. 123. Fairchild Ruggles deutet dagegen geometrische, insbesondere viergeteilte Gärten als Demonstration irdischer herrschaftlicher Machtfülle; ders., Der als Achsenkreuz angelegte Garten des Mittelmeerraumes und seine Bedeutung, in: Pettruccioli (Hg.), Garten, 143-154, hier: 151f.

gläsernen Kuppel der Thron Maʿmuns gestanden haben. Der Herrscher befand sich dort quasi am Nabel der Welt inmitten eines paradiesischen Gartens und wie Allah hinter einem Schleier aus Lichtfunken verborgen - das Licht gilt als eines der Attribute Gottes und ist ein sehr häufig verwendetes Bild. Ein Ratgeber wies ihn vorsichtig auf den blasphemischen Charakter der Konstruktion hin. Maʿmun soll den Ort danach zeitlebens nicht mehr genutzt haben, aus Furcht, dadurch seine Hoffnung auf einen jenseitigen Aufenthalt im Paradies zu verwirken[27].

Wie in der Gartenarchitektur u.U. auf das Paradies angespielt wird, so haben umgekehrt Elemente der herrscherlichen Architektur Einzug in die Vorstellungen vom Paradies gehalten[28]. Die Miniaturen aus dem *Miʿraj-name* weisen prächtige Tore am Eingang des Paradieses auf, im Inneren befinden sich Paläste für hervorragende Gestalten der islamischen Frühzeit; insbesondere in den schiitischen Überlieferungstexten wird zunehmend auf Paläste im Paradies hingewiesen[29]. Unzählige Male werden in der Buchkunst auch weltliche Szenen in paradieshaften Gärten angesiedelt. Vergleicht man deren Elemente - blühende Bäume, unter einem Baum entspringende Quellen, Vögel, Hügel - so unterscheiden sie sich durch nichts als die in der Landschaft angesiedelte Szene von den Paradiesdarstellungen im *Buch der Himmelsreise*. Im Falle einer Liebesgeschichte oder eines Heldenepos' wird durch diese "ideale" an das Paradies erinnernde Landschaft eine der Normalwelt entrückte Atmosphäre erzeugt.

Ein Reiz all dieser Kunstwerke, die paradiesische Assoziationen wecken, liegt in ihrer Vagheit[30], im Hindeuten auf das Paradies, der Vorwegnahme von Eindrücken, die die Gläubigen erwarten mögen. Niemand wird explizit ein "Paradies auf Erden" gemalt oder errichtet haben. Man war sich bewußt, daß dies ein verbotener Eingriff in Gott vorbehaltene Bereiche wäre[31].

---

[27] Rubiera y Mata, Der islamische Garten als Metapher des Paradieses, 19.

[28] Ein erstes Beispiel könnte bereits in den Mosaiken der Umaiyaden-Moschee in Damaskus aus dem frühen 8. Jh. vorliegen. Dieses sehr frühe Beispiel islamischer Architektur zeigt ein Dekor aus Pflanzen und Palästen, das häufig als Darstellung des Paradieses gedeutet wird. Es gibt jedoch auch abweichende Interpretationen, siehe dazu Robert Irwin, Islamische Kunst, Köln 1998, 61.

[29] Beispielsweise im Zitat über Paradiesvorstellungen der Schia werden Paläste erwähnt.

[30] Dazu auch Ernst Grube, Der Garten in der islamischen Malerei, in: A. Petruccioli (Hg.), Der islamische Garten, Stuttgart 1995, 25-33, hier: 29ff.

[31] In der Literatur wurde das Thema des Bruchs dieses Tabus sogar literarisch umgesetzt. Rubiera y Mata, 16.

2. In der Musik liegen besondere Bedingungen für Möglichkeiten der Umsetzung von Jenseitsvorstellungen vor: Im Koran und in der Sunna wird die Musik kaum thematisiert, woraus islamische Juristen gemeinhin den Schluß ableiten, daß sie zwar nicht generell verboten, jedoch auch nicht erwünscht ist. Dies hat die Entwicklungsmöglichkeiten besonders sakraler Musik stark eingeschränkt; eine Tradition wie die der Kirchenmusik gibt es nicht. Die einzig unumstritten legitime Form ist die Koranrezitation, da der Koran das Wort Gottes ist, dessen Intonation geboten scheint[32]. - Mit der Koranrezitation wird u.U. auch ein Kunstgenuß verbunden: Die Rezitatoren unterscheiden sich im Grad, den Richtlinien der Rezitation Folge leisten zu können sowie in der individuellen Stimmlage. So gibt es berühmte Rezitatoren, deren Aufnahmen besonders beliebt sind. Insgesamt bleibt der Spielraum für musikalische Interpretationen von Jenseitsvorstellungen im orthodoxen Islam allerdings gering; bei der Rezitation entsprechender Suren werden beim Hörer Paradies- und Höllenszenarien wachgerufen.

Immer theologisch umstritten, aber etwa ab dem 10. Jahrhundert an religiöse Praxis, war der Einsatz von Musik in Sufi-Versammlungen. Dort wird bis heute die Technik des *dhikr* gepflegt, die rhythmische oft von Trommeln oder Tamburinen begleitete Rezitation eines oder mehrerer Namen Allahs, und die des *sama'*, wörtlich "Hören", bei dem man zu Instrumentalmusik tanzt[33]. Bei dem bereits erwähnten Mystiker Jalal ad-Din Rumi finden wir Belege, daß er diese Techniken nicht nur als Weg zu Gott ansah, sondern sie auch als eine Vorwegnahme paradiesischer Zustände empfand. So soll er gesagt haben:

"Die Musik ist das Knarren der Pforten des Paradieses"

oder

"Ein Zweig vom Himmelstanze ist / nur aller Reigen auf Erden"[34]

---

[32] Mit dem Ort der Musik im Islam hat sich Johann Christoph Bürgel beschäftigt: ders., Religion und Welt im Islam, 256-271, hier: 267.

[33] Zu diesen Techniken äußert sich Annemarie Schimmel in ihrer Grundlagenstudie: dies., Mystische Dimensionen des Islam, München ²1992, 238-265.

[34] Annemarie Schimmel, Rumi. Ich bin Wind und du bist Feuer, Köln ⁵1986, 203, 208.

Vermutlich fände man in weiteren volksreligiösen Zusammenhängen, bei Pilgerliedern oder Liedern zu festlichen Anlässen, ähnliche Verweise auf das Paradies und eventuell auch auf die Hölle. Ein weiterer noch näher auf Jenseitsmotive hin zu untersuchender Bereich wäre der säkularer Musik, wo in Liedtexten durchaus religiöse Motive aufgegriffen werden[35].

6. Die alltägliche Ausrichtung auf das Jenseits

Die Betrachtung der ganz unterschiedlichen Jenseitsvorstellungen sowie ihres Einflusses auf verschiedene kulturelle Bereiche kann nicht abgeschlossen werden, ohne auf die Bedeutung derartiger Vorstellungen für die islamische Kultur insgesamt hinzuweisen. Die Vielzahl der Ausprägungen von Jenseitsvorstellungen läßt es bereits ahnen: Dieser Bereich spielt grundsätzlich eine sehr wichtige Rolle im Denken der Muslime. Vermutlich ist es auf die vielfachen Koranstellen zurückzuführen, daß die Vorbereitung auf das Jüngste Gericht und die Hoffnung, einst ins Paradies zu gelangen, zu einem der wichtigsten Gedanken der religiösen Praxis überhaupt geworden sind:

Besonders der Monat Ramadan gilt als bevorzugter Monat, in dem man durch korrekte Einhaltung der Fastenvorschriften religiöses Verdienst ansammeln kann, in weithin bekannten Hadithen heißt es, im Ramadan stünden die Tore des Paradieses offen[36]. Für fromme Muslime ist daher das Fasten und eine Vielzahl damit zusammenhängender Fragen von elementarer Bedeutung; Zeitungen und Zeitschriften drucken jedes Jahr ausführliche Rechtsgutachten zu diversen Fragestellungen, um verunsicherten Gläubigen Sicherheit verschaffen zu können, etwa bei welchem Krankheitsgrad das Aussetzen des Fastens erlaubt ist, in welchen Fällen Medikamenteneinnamen gestattet sind etc.[37]

---

[35] Mir liegt z. B. ein Liedtext der aus Aserbaidschan stammenden in Deutschland lebenden Jazz-Pianistin Aziza Mustafa Zadeh vor, "Seventh Truth" (auf der gleichnamigen CD von 1996). Darin wird in einer aus der mystischen Poesie bekannten Motivik der Suche nach Gott Ausdruck gegeben.

[36] Al-Bukhari, al-Jamiᶜ as-Sahih, 8 Teile, hierzu Teil 2, o.O. o.J., 226f.; Dieter Ferchel (Übers.), Sahih al-Bukhari. Nachrichten von Taten und Aussprüchen des Propheten Muhammad, Stuttgart 1991, 231.

[37] Dazu Birgit Krawietz, Die Hurma. Schariatrechtlicher Schutz vor Eingriffen in die körperliche Unversehrtheit nach arabischen Fatwas des 20. Jahrhunderts, 22, 35-37.

Überhaupt ist ein Leben gemäß der Scharia, dem traditionellen religiösen Rechtssystem, äußerst wichtig, da diese aus Sicht der Muslime die Verhaltensnormen vorgibt, die ein rechtmäßiges Leben vor dem Angesicht Gottes garantieren. Ein Wunsch nach Festhalten an oder nach einer Wiedereinführung der Scharia ist somit nicht nur ein Zeichen für einen rückwärtsgewandten islamistischen Islam, sondern hat für traditionelle Gläubige eine hohe Bedeutung für ihr Seelenheil. Weitere Verhaltensweisen, die aus westlicher Sicht zunächst unverständlich erscheinen, lassen sich durch den großen Wunsch, ins Paradies zu gelangen, erklären. So hört man in verschiedenen militärischen Konflikten im Orient immer wieder von Kämpfern, die religiös motiviert einen sogenannten Märtyrertod in Kauf nehmen, etwa im Golfkrieg zwischen Iran und Irak oder auf Seiten schiitischer Palästineser, die bei Attentaten ihr Leben opfern. Dahinter stehen Koransuren sowie frühislamische Überlieferungen, die einem Märtyrer im Kampf für den Islam verheißen, direkt ins Paradies einzugehen[38].

Wir sehen also, daß der Komplex der Jenseitsvorstellungen im Islam eine ganz zentrale Rolle spielt. Die Hoffnung, das ewige Leben im Paradies zu verbringen, ist quasi der Motor vieler Verhaltensweisen all der Muslime, die auch heute noch ihrem religiösen Weltbild verbunden sind.

---

[38] Sure 9,111f.; Al-Bukhari, al-Jamiᵒ as-Sahih, Teil 3, 199-235; Ferchel, Sahih al-Bukhari, 298-325, d.i. Kapitel XXVII "Einsatz für die Sache Gottes".

Hartmut Freytag

Paradies und Erde - Erde und Paradies
Jenseitsvorstellungen in der deutschen Literatur des Mittelalters[1]

I. *er giscuf in ufreht, daz er uf sehi, / da midi si wir gisceidin von dem vehi.*
"Er schuf ihn aufrecht, damit er emporsehe; / dadurch sind wir von den Tieren unterschieden." - *Über die Schöpfung der Erde als memoria paradisi in der 'Summa Theologiae'*

Das frühmittelhochdeutsche Verspaar führt das Merkmal vor Augen, das den Menschen von anderen Lebewesen unterscheidet: seinen aufrechten Gang. Dieses Kennzeichen weist zugleich zurück zum Akt der Schöpfung im Paradies, als der Schöpfer Adam sein Ebenbild, seine imago, eingab, und nach vorn in die Zukunft; denn es vergegenwärtigt dem Menschen an seiner Gestalt, daß er dazu bestimmt ist, wieder in seine Heimat zurückzukehren, aus der ihn der Sündenfall Adams einst vertrieben hat. Das Verspaar erinnert von ferne an Platons 'Kratylos' (399c) und 'Timaios' (90a) mit ihrer Etymologie von *anthropos*, dem "Emporseher", und auch an Ovids Metamorphosen: "Während die andern Lebewesen vornübergeneigt auf die Erde blicken, / gab er dem Menschen ein aufwärts gewandtes Antlitz, / damit er den Himmel schaue und den Blick emporgerichtet zu den Sternen erhebe" (*Pronaque cum spectent animalia cetera terram, / os homini sublime dedit caelumque videre / iussit et erectos ad sidera tollere vultus* - I. 84-86). Dieses heidnisch antike Wissen, das christlichem Verständnis nicht entgegensteht, adaptiert wie so oft Laktanz, der nach dem Ovid-Zitat sagt: "Hiervon ausgehend haben die Griechen den Menschen *anthropos* genannt, weil er emporblicken solle" (*hinc utique anthropon Graeci appellauerunt, quod sursum spectet* – Divinae institutiones II. 1, 15f.). Die Lehre vermittelt auch Isidor, wenn er in den 'Origines' an die hebräische Etymologie von Adam aus *adama* 'Lößerde' und

---

[1] Dieser Beitrag erscheint in annähernd gleichem Wortlaut im Jahrbuch der Oswald von Wolkenstein Gesellschaft 13 (2001). Der Band enthält die Vorträge, die anläßlich des von der Oswald von Wolkenstein Gesellschaft veranstalteten Symposions "Apokalypse Schlaraffenland Jahrtausendwende" in der Zeit vom 24. – 26. Februar 2000 in Salzburg gehalten wurden.

die ähnliche lateinische von *homo* aus humus 'Erde' die griechische Etymologie von *anthropos* anschließt, um hieraus die Bestimmung des Menschen abzuleiten, sich vom Erdboden zu erheben und zu seinem Schöpfer aufzublicken; nachdem Isidor festgestellt hat, daß Ovid hierauf anspielt, erklärt er, der Mensch blicke aufrecht zum Himmel empor, um Gott zu suchen (Isidor, Etymologiae XI. 1,5).

Das eingangs zitierte Verspaar stammt aus der zu Beginn des 12. Jahrhunderts entstandenen 'Summa Theologiae', einer gedankenschweren Dichtung, die bei ihrem Publikum gute Kenntnisse der christlichen Glaubenslehre und des Ablaufs der biblischen Heilsgeschichte voraussetzt. "Nach einer Einleitung, die Gott als den dreieinigen, allmächtigen und gütigen Schöpfer preist, benennt der erste Hauptteil [sc. der 'Summa Theologiae'] Stationen des Heilsgeschehens: die Schöpfung der Engel, ihren Sündenfall und die ewige Verdammnis, da sie sich in voller Freiheit von Gott abgewendet haben, die Erschaffung des Menschen, der 'wahres Abbild Gottes' ist und als Mikrokosmos an der ganzen Schöpfung teilhat, den Sündenfall und den Verlust der Gnade, schließlich die Erlösung durch den Sühnetod Christi am Kreuz. Der zweite Teil setzt die Akzente anders, indem er neben der Abfolge der Heilsgeschichte (Grabesruhe und Auferstehung Christi, Auferstehung des Menschen und Jüngstes Gericht) stärker moralisierend die auf das ewige Leben hinführenden Pflichten des Menschen herausstellt, der durch die Taufe Christus in Tod und Auferstehung verbunden ist."[2]

Die Dichtung beschreibt also einen weiten Bogen von der Schöpfung bis zur Heimkehr des Menschen in die ewige Freude des Paradieses, das wiederzuerlangen er während seines Lebens auf der Erde strebt. Allein zu dem Zweck ist die Welt mit allen ihren Kreaturen geschaffen, wie der theologisch gebildete volkssprachige Autor eindringlich an der Schöpfung des Menschen verdeutlicht, der an die Stelle Luzifers treten sollte, als dieser in Folge des ersten Sündenfalls in die Hölle herabgestürzt war:

---

[2] Rudolf Suntrup, Typologische Heilsgeschichts-Konzepte in mittelalterlicher geistlicher Literatur, in: Volker Honemann und Tomas Tomasek (Hg.), Germanistische Mediävistik (Münsteraner Einführungen – Germanistik. 4), Münster/Hamburg/London 1999, 277-308, hier: 278f.

7 Der selbo der dir wisi und almehtig ist,
samfti irvult er disin gibrist.
er giscuf zi der selbin heimi
Adam uzzir demo leimin.
da was er arzit der wisi,
daz wir bistuntin in paradysi,
wanti jenir noz im der ubili
di sini herin edili.
got irwac do dur ebinduri
di unsir brodi erdi widir dem vuri.

8 Al des dir mennisci bidorfti
in vimf dagin got vori worhti.
an demo sechstin dagi worht er in,
disu werilt al irwart durch in.
er habiti in allin giscephidon
wunni odir bilidi odir herzindum.
unsir chunftic ellendi
was er mit disin allin drostindi,
daz si unsich des irmanitin,
daz wir heim zi der mendin hugitin.

9 Von unsir herrin giscephidi
gab er uns misilichi crefti;
mid demo steini
gab er uns gimeini di herti der beini;
mid poumi gruni
der negili chimin,
[mit demo grasi] den vachsi
daz iz selbi wahi si;
di sinni mit den vligintin,
swimmintin undi cresintin,
mit der eingili bidrahti
di guoti von der ubilin scidinti.

10 Von den anigengin virin

got wolti den menniscin zirin.
er gammi von dem vuri
gisuni vili duri,
von den luftin hohirin
[daz er mag] gihorin,
von den nidirin daz er gistinckin mag,
von dem wazziri gismag.
der hendi unde der vuzzi biruridi
giliz er imo von der erdi.
er giscuf in ufreht, daz er uf sehi,
da midi si wir gisceidin von dem vehi.[3]

"Der platonische Gedanke, daß der Makrokosmos sich im Menschen als dem Mikrokosmos spiegele, ist im Mittelalter Allgemeingut, auch des Menschen Erschaffung aus den vier Elementen. Die Vorstellung, daß die Elemente in bestimmten Bestandteilen des Körpers ihre Entsprechung fänden, [...] wurde in verschiedenen Richtungen noch auskonkretisiert. Eine ging, auch schon seit den Kirchenvätern, dahin, daß die fünf Sinne aus den Elementen kämen, das Auge aus dem Feuer, das Gehör aus der oberen und der Geruchssinn aus der niederen Luft, der Geschmack aus dem Wasser und das Tastvermögen aus der Erde; eine

---

[3]   Summa Theologiae, ed. Friedrich Maurer, in: Die religiösen Dichtungen des 11. und 12. Jahrhunderts. Nach ihren Formen besprochen und hg. von F.M. Bd. 1, Tübingen 1964, 304-316. Übersetzung der Strophen 7-10: [7] "Der eine, der weise und allmächtig ist, füllte diese Lücke gütig aus; für dieselbe Heimat schuf er Adam aus dem Lehm. Dabei handelte er in seiner Weisheit als Arzt, damit wir im Paradies blieben. Da jener dort seinen hohen Adel mißbraucht hatte, erhob Gott darauf unsere schwache Erde, damit sie ebenso wertvoll sei, auf die Stufe des Feuers. [8] Alles, dessen der Mensch bedurfte, schuf Gott im voraus in fünf Tagen, am sechsten Tag schuf er ihn; die ganze Welt wurde seinetwegen erschaffen. An jedem Geschöpf sollte er Ergötzen, Zeichen oder Arznei haben. Unserm künftigen Leben in der Fremde schenkte er Trost mit all diesem, damit es uns gemahne, heim zu verlangen nach der Freude. [9] Unserer erhabenen Schöpfung entsprechend verlieh uns Gott verschiedene Kräfte: zusammen mit dem Stein die Härte der Knochen, mit dem Grünen der Bäume der Nägel Keimen, mit dem Gras das Haar, damit es schön sei, die Sinne mit den Fliegenden, Schwimmenden und Kriechenden, mit den Engeln die Vernunft, die das Gute vom Bösen unterscheidet. [10] Mit den vier Elementen wollte Gott den Menschen schmücken: Vom Feuer gab er ihm das kostbare Augenlicht, von den höheren Lüften das Gehör, von den niederen, daß er riechen kann, vom Wasser das Schmecken, das Tastvermögen der Hände und Füße ließ er ihm von der Erde werden. Er schuf ihn aufrecht, damit er emporblicke; dadurch sind wir von den Tieren unterschieden."

andere ging wieder dahin, daß Lebensqualitäten und Bestandteile des Körpers bestimmten Kreaturen entsprächen: die Lebensqualität des Seins teilen die Menschen mit den Steinen, die des Wachsens mit den Bäumen, die des Fühlens mit den Tieren, das Erkennen mit den Engeln. [...] Wichtig ist: alle diese 'Vorstellungen' sind keine Metaphern, sondern mit der Schöpfung gegebene Realitäten, die im Indikativ ihre Konstatierung finden: *homo est minor mundus* (Boethius)."[4] - Für uns bedeuten diese Lehrmeinungen nichts anderes, als daß die Kreatur Mensch insgesamt und in ihren einzelnen Teilen an den Schöpfungsakt im Paradies gemahnt und selbst ständig hieran erinnert wird. Zugleich wird auf die Weise der Verlust des Paradieses und der Auftrag, aus der Vergänglichkeit in die Ewigkeit heimzukehren, gleichsam evident.

Im Zusammenhang der "Vorstellung" des Mikrokosmos, der den Makrokosmos spiegelt, führt die 'Summa Theologiae' auch vor Augen, daß der zum Schluß des Sechstagewerks geschaffene Mensch die Krone der Schöpfung ist:

> disu werilt al irwart durch in.
> er habiti in allin giscephidon
> wunni odir bilidi odir herzindum.
> unsir chunftic ellendi
> was er mit disin allin drostindi,
> daz si unsich des irmanitin,
> daz wir heim zi der mendin hugitin (78-84).[5]

Der allwissende Gott hat also eine jede Kreatur um des Menschen willen geschaffen, damit dieser an ihr *wunni* 'Ergötzen', *bilidi* 'Zeichen' - sei es für das Böse in Gestalt der Hölle oder das Gute in Gestalt des Himmels - oder auch *herzindum* 'Arznei, Heilmittel' habe. Alle drei Substantiva beziehen sich auf das Leben des Menschen im Diesseits und auf sein zukünftiges Leben im Jenseits: *wunni* 'Ergöt-

---

[4] Friedrich Ohly, Zur Signaturenlehre der frühen Neuzeit. Bemerkungen zur mittelalterlichen Vorgeschichte und zur Eigenart einer epochalen Denkform in Wissenschaft, Literatur und Kunst. Aus dem Nachlaß hg. von Uwe Ruberg und Dietmar Peil, Stuttgart und Leipzig 1999, 16f.
[5] Übersetzung der Verse 78-84: "Die ganze Welt wurde seinetwegen erschaffen. An jedem Geschöpf sollte er Ergötzen, Zeichen oder Arznei haben. Unserm künftigen Leben in der Fremde schenkte er Trost mit all diesem, damit es uns gemahne, heim zu verlangen nach der Freude."

zen' weist von der vergänglichen auf die ewige Freude, die das Wort *wunni* impliziert, *bilidi* 'Zeichen' auf den Verweischarakter der Dinge dieser Welt auf die Ewigkeit von Himmel bzw. Hölle hin und *herzindum* 'Arznei' darauf, daß die Schöpfung dem Menschen Medikamente gegen körperliche Gebrechen, aber eben auch solche gottgewollten und -gesandten Heilmittel bereit hält, die ihn zurück auf den Heilsweg führen sollen. Jede seiner Kreaturen hat Gott dem Menschen als Trost für die Zeit seines Exils auf der Erde bestimmt, damit sie ihn nach dem Sündenfall und der Ausweisung aus dem Paradies daran erinnere, wieder heim zu verlangen nach der Freude. An anderer Stelle präzisiert die 'Summa Theologiae':

> Wanti got al mag und al guot wil,
> von dan wart der dingi so vil.
> swi si unsich dunkin mislich,
> zi demo gotis lobi sint salli gilich.
> [...] drowit uns zi der helli ellu du giscaft,
> du dir ist scarf undi darihaft,
> swaz dir ist sempfti undi wunniclich,
> daz dinot al deme gidingi in daz himelrich.[6]

Demnach versteht sich alles auf dieser Welt als Wink Gottes an den Menschen, sein Augenmerk mittels der creatura auf den creator zu lenken, die durch die Schöpfung vermittelte Lehre wahrzunehmen und zu beherzigen, wie es auch die Finalsätze nahelegen, wenn sie die Zweckbestimmung der einzelnen Kreaturen darin erkennen, *daz si unsich des irmanitin, / daz wir heim zi der mendin hugitin* (83f.), und aus der aufrechten Gestalt ablesen, daß der Schöpfer sie dem Menschen verliehen habe, damit er emporblicke; denn *er giscuf in ufreht, daz er uf sehi* (108).

Ehe ich an zwei weiteren Texten aus dem 11. Jahrhundert sowie aus der Zeit um 1200 zeige, daß Autoren mittelalterlicher Literatur ihre Aufgabe oft darin sahen, den dargestellten Erzählstoff bzw. das ihm zugrundeliegende Ereignis ihrem Pu-

---

[6] Übersetzung von Strophe 21: "Da Gott alles vermag und alles Gute will, entstanden so viele Dinge, die, mögen sie uns auch verschieden dünken, alle in gleicher Weise dem Lob Gottes dienen. [...] Alle Schöpfung, die hart und schädlich ist, weist uns drohend zur Hölle, alles, was mild und wonnevoll ist, dient der Hoffnung auf den Himmel."

blikum als Fingerzeig Gottes im Sinne der Bestimmung des Menschen auszule-
gen, wieder ins Paradies zurückzufinden, möchte ich anhand einiger Beispiele il-
lustrieren, wie noch uns bekannte augenfällige 'Zeichen' dieses Ziel jahrhundertelang in Erinnerung rufen sollten. Ich denke an die vielerorts dargestellte Vision
vom Himmlischen Jerusalem nach der Apokalypse des Johannes, deren Wortlaut
in der Perikope zum Fest der Kirchweih verlesen und in der Predigt ausgelegt
wird und deren Abbild auch in der Architektur so mancher Stadt die Vorstellung
vom Himmlischen Jerusalem vergegenwärtigt. Ich denke ferner an Iris, den Re-
genbogen, der an das griechische Wort *irene* 'Friede' anklingt und an das Zeichen des Bundes und der Versöhnung erinnert, mit dem Gott Noah nach der Sintflut zeigte, daß er zu ihm heimkehren werde; und auch an den alten Mythos von
Uranos und Gä, der in der christlichen Adaptation seines Schreckens beraubt und
auf die Versöhnung von Himmel und Erde mit der Folge der Geburt des Erlösers
umgedeutet wird. Und zuletzt an Maria, den Stern des Meeres, der in dem häufig
gesungenen und reich rezipierten Marien-Hymnus 'Ave, praeclara maris stella'
("Sei gegrüßt, du glanzvoller Stern des Meeres") das Schiff der Gläubigen durch
das Meer der Welt und ihrer Versuchungen sicher in den Hafen des Paradieses
leitet.

II. *himelriche ist unser heimuot, / da sculen wir lenten, gote lob.*
*"Das Himmelreich ist unsere Heimat, dort werden wir an Land gehen, Gott sei ge-
lobt!" - Über die Erwartungen von Weltende und Auferstehung im Paradies auf Seiten
der Jerusalem-Pilger von 1064/65 in 'Ezzos Gesang'*

Ein herausragendes Beispiel für heilsgeschichtliche Kompositionen, die in einem
weiten Bogen das Geschehen von der Schöpfung der Welt bis zur Wiedergewinnung der Ewigkeit im Paradies umfassen, ist auch 'Ezzos Gesang'. Das Gedicht
überliefert eine ausgangs des 12. Jahrhunderts entstandene Handschrift des 1163
gegründeten Augustiner-Chorherrenstiftes Vorau in der Steiermark, das umfang-
reichste Corpus geistlicher Dichtungen der Zeit überhaupt, das auch die 'Summa
Theologiae' enthält. Im Konzept der Aufeinanderfolge der einzelnen Dichtungen
gleicht der Codex der gut eine Generation älteren Sammelhandschrift der ehema-
ligen Benediktinerabtei Millstatt in Kärnten, da beide von der Genesis bis zur
Apokalypse, vom ersten Buch des Alten bis zum letzten Buch des Neuen Testa-

mentes, von der Schöpfung des Menschen im Paradies bis zur Vision vom ewigen Leben im 'Himmlischen Jerusalem' reichen, in das einzugehen der Inhalt des Schlußgebetes der Vorauer Handschrift ist. Dieses heilsgeschichtlich orientierte Programm birgt 'Ezzos Gesang' ähnlich wie die 'Summa Theologiae' gleichsam in nuce. Und auch für Werke der Zeit wie den im Elsaß entstandenen 'Hortus deliciarum' Herrads von Landsberg scheint das Prinzip der Gliederung im Sinne einer Weltheilsgeschichte ebenso verbindlich wie für andere Sammelhandschriften und Zyklen.

Die 34 Strophen von 'Ezzos Gesang' spannen den Bogen von der Schöpfung der Welt und des Menschen, von Adams Schuld und der hierdurch ausgelösten Nacht der Sünden, in der die Sterne der Patriarchen leuchten, über den Morgenstern Johannes des Täufers und die wahre Sonne Christi, seine Geburt, Taufe und Wunder, Kreuzestod, Höllenfahrt und Auferstehung bis hin zur Erlösung der Menschheit und ihrer Heimkehr ins Paradies. Alle diese Stationen sind auf das Karfreitags- und Ostergeschehen bezogen, mit dem Gedanken der Erlösung verknüpft und auf eigentümliche Weise aktualisiert; denn das Gedicht unterbricht den linearen Verlauf der Heilsgeschichte, indem es beständig auf die Erlösung verweist, wie sie die Feier des Ostergeschehens vergegenwärtigt.

Die Gedanken über die eben genannte Sinnmitte des Gedichts möchte ich jetzt um die Hintergründe für das historische Ereignis ergänzen, auf das sich 'Ezzos Gesang' bezieht. In der 1130 im Kloster Göttweig verfaßten Vita Altmanns, des späteren Bischofs von Passau, heißt es nämlich, ein scholasticus Ezzo habe während der Palästinafahrt von 1064/65 ein Lied über die Wunder Christi in der Muttersprache gedichtet. Die Vita überliefert auch die Ursache für die Wallfahrt: "Zu dieser Zeit zogen viele adlige Herren nach Jerusalem, um das Grab des Herrn aufzusuchen, von der allgemein verbreiteten Meinung getäuscht, der Tag des Jüngsten Gerichts stehe deshalb bevor, weil Ostern in jenem Jahr am 6. Tag vor den Kalenden des April [27. März] lag, dem Tag, der für die Auferstehung Christi überliefert wird. Von diesem Schrecken bewegt, verließen nicht nur Männer aus dem Volk, sondern auch die Vornehmsten, ausgezeichnet aufgrund ihrer Herkunft und ihres Ansehens, und selbst Bischöfe verschiedener Städte ihre Hei-

mat [...] und folgten auf engem Pfad das Kreuz tragend Christus."[7] - Die Wallfahrt wurde in Erwartung von Christi Rückkehr auf Erden zu Ostern 1065 unternommen, weil Karfreitag damals auf den 25. März fiel und so mit Mariae Verkündigung zusammentraf, wodurch sich die Konstellation ergab, von der man
meinte, sie habe bei Christi Tod und Auferstehung geherrscht. Der Glaube an die
Wiederkehr Christi verband sich mit der Erwartung des Weltendes und des Jüngsten Gerichts und schloß die Hoffnung auf die Auferstehung und Heimkehr der
Gläubigen ins Paradies ein.

Für die Annahme, 'Ezzos Gesang' beziehe sich auf den von eschatologischer Erwartung bewegten Palästinazug, der die Pilger am Ostermorgen des Jahres 1065
zum Heiligen Grab in Jerusalem führen sollte, spricht über die historischen und
liturgischen Umstände hinaus die Gedankenfolge des Gedichts, um dessen Zentrum mit Passion und Auferstehung sich Ereignisse gruppieren, die hierzu in Re-
lation stehen. - Demgemäß verschmilzt das Lied das Heilsgeschehen in seinen
letzten vier Strophen zur unmittelbar erlebten Erfahrung von Erlösung und Teil-
habe am ewigen Leben (31-34); denn der Lobgesang erhebt sich zum hymnischen
Anruf des Kreuzes (31 und 33) und des Erlösers (32), ruft Gott als den Urheber
des Heils an und erhebt durch das Zeitadverb *nu* (391) den jetzt gegebenen und
eingangs der letzten Strophe als erfüllt gepriesenen Anspruch auf Erlösung. Darauf klingt das Lied nach dem Glaubensbekenntnis in der Gewißheit aus, daß der
Mensch wieder in das Paradies eingesetzt wird, für das er von Anbeginn der
Welt bestimmt war (415-420).

Die gleichermaßen gegenwarts- und zukunftsorientierte Perspektive von 'Ezzos
Gesang' unterstreicht das Motiv der sechs Weltalter (Strophe 10-13): Als deren
fünf und ein großer Teil des sechsten zur Hölle gefahren waren, erschien das
Heil, die Sonne, der Sohn Gottes im Antlitz des Menschen. Seiner Zeit gemäß
hat Ezzo den sechs Tagen der Schöpfung die sechs Weltalter analog gesetzt: denn

---

[7]   Vita Altmanni, Monumenta Germaniae Historica. Scriptores, Bd. 12, 230, 5.13-15 (cap. 3):
Eo tempore multi nobiles ibant Ierosolimam, invisere sepulchrum Domini, quadam vulgari opini-
one decepti, quasi instaret dies iudicii, eo quod pascha illo anno evenisset sexto Kalend. Aprilis,
quo scribitur resurrectio Christi. Quo terrore permoti non solum vulgares, sed et populorum pri-
mores, genere et dignitate insignes, et ipsi diversarum civitatum episcopi, magna gloria et summo
honore fulti, patriam, cognatos et divitias reliquerunt, et per artam viam crucem baiolantes Chri-
stum secuti sunt.

so wie Gott Adam am sechsten Tag der Weltenwoche nach seinem Antlitz schuf, hat er im sechsten Weltalter seinen Sohn nach des Menschen Antlitz gebildet, um ihm von neuem die durch den Sündenfall verlorene imago Dei zu geben. Die sechs Alter dieser Welt weisen auf ein siebtes Weltalter, den Weltensabbat hin; denn wenn der Mensch die Gottebenbildlichkeit wiedergewonnen hat und ins Paradies heimgekehrt ist, erfüllt sich die durch Christi Rückkehr und das Jüngste Gericht an ihr Ende gelangte Menschheitsgeschichte. "Die Sechsgliedrigkeit der Geschichte setzt also die Siebengliedrigkeit des Heilsgeschehens voraus, und auf dieses ist das Denken des Dichters gerichtet."[8] Eben hierauf weisen verschiedene Grundzüge der Dichtung, wie z.B. der Sonntag als der Tag der Sabbatruhe, den zu heiligen für die Wiedergewinnung des Paradieses notwendig ist (4,4), oder die Bedeutung des Ostersonntags:

> [...] an dem dritten tage
> duo irstuont er von dem grabe.
> hinnen vuor er untotlich,
> after tode gab er uns den lip,
> des fleisches urstente,
> himelriche iemer an ente.[9]

Der Idee eines in sechs bzw. sieben Abschnitte gegliederten Zeitraums konform geht auch die *metaphora continuata* der fünf Sterne im Dunkel der Nacht für die Patriarchen der ersten fünf Weltalter, denen im sechsten der Morgenstern Johannes der Täufer folgt, der als das siebte Gestirn die Sonne ankündigt. Diese ist Christus, der im sechsten Weltalter als Mensch geboren wird und stirbt und das siebte eröffnet. Die Metaphorik von Licht und Dunkel, die Ezzo mit den Weltaltern verbindet, welche sich in Christus, der Erlösung der alten Welt und der Wie-

---

[8] Ruth Schmidt-Wiegand, Die Weltalter in Ezzos Gesang, in: Zeiten und Formen in Sprache und Dichtung. FS Fritz Tschirch, hg. von Karl-Heinz Schirmer und Bernhard Sowinski, Köln/ Wien 1972, 42-51, hier: 47f.

[9] Ezzos Gesang, ed. Friedrich Maurer, in: Die religiösen Dichtungen des 11. und 12. Jahrhunderts. Nach ihren Formen besprochen und hg. von F.M. Bd. 1, Tübingen 1964, 269-303. Übersetzung der Verse 279-284: " [...] am dritten Tage erstand er aus dem Grab. Unsterblich ging er von hier fort. Nach dem Tod schenkte er uns das Leben, die Auferstehung des Fleisches, das Himmelreich in Ewigkeit ohne Ende. "

derherstellung der Ewigkeit vollenden, vermag den über die Dichtung sich erstreckenden heilsgeschichtlichen Bogen zu erhellen; denn das eingangs gegebene Versprechen, wir würden über das Paradies verfügen (36), wenn wir den Tag des Herrn, den *suntach*, heiligten (33), greift Ezzo auf, wenn er mittelalterlicher Hermeneutik gemäß auch in der Volkssprache die Seinsanalogie von *sun* 'Sohn' und *sunne* 'Sonne' herausstellt: *uns erscein der gotes sun, / warer sunno von den himelen* ("uns erschien der Sohn Gottes, / die wahre Sonne vom Himmel" - 119f.). Und ähnlich heißt es wenig später:

> duo irscein uns der sunne
> uber allez manchunne.
> in fine seculorum
> duo irscein uns der gotes sun
> in mennisclichemo bilde -.[10]

Ein und dasselbe Verb *irscein* 'erschien' kennzeichnet zunächst das Tun der Sonne und danach metaphorisch, was der *gotes sun* bewirkt hat: *den tach braht er uns von den himelen* (156). Damit umreißt das Johanneswort vom Licht in der Finsternis (27), wie Christus die sechs Weltalter hindurch zugegen ist und wie er, nachdem er *in fine seculorum* ("am Ende der Weltalter" [153]) *in mennisclichemo bilde* ("in Menschenantlitz" [155]) den Tag und das Licht vom Himmel herabgebracht hat, den Weltensabbat der ewigen Ruhe im Paradies wiederhergestellt - das ist *der guote suntach*, "der heilige Sonntag" (33).
Jeder dieser Fluchtpunkte, die das Gedicht durchziehen, unterstreicht die Heilsgewißheit und zielt auf die Wiedergewinnung des ewigen Lebens im Paradies, wie nicht zuletzt auch die Diesseits und Jenseits immer wieder konfrontierenden Raumvorstellungen - *ellente* 'fremd, heimatlos' für den Zustand des Menschen in dieser Welt, auf der Erde (100) und auf der andern Seite für das Himmelreich die Begriffe *lant* 'Heimat' (352, 364, 370); *lenten* 'an Land gehen, ankommen' (406); *heimuot* 'Heimat' (405); *heim* (400) und *paradys* (36, 82, 90, 96). - Am

---

[10] Übersetzung der Verse 151-155: " [...] Da erschien uns die Sonne über das ganze Menschengeschlecht. Am Ende der Welten (Weltzeitalter) da erschien uns der Sohn Gottes in menschlichem Antlitz -. "

entschiedensten jedoch ist hierauf die zumal im letzten Teil der Dichtung sich Bahn brechende Bildlichkeit des Weges ausgerichtet, die allgemein den homo viator auf der Pilgerfahrt des irdischen Lebens und im besonderen den Jerusalempilger von 1064/65 zurück ins Paradies führt.

> daz gab uns friliche widervart
> in unser alt erbelant,
> beidu wege unte lant,
> dar hab wir geistlichen ganc -[11]

Eine ähnliche Vorstellung leitet die Schiffahrtsallegorese von Strophe 33, einem Hymnus auf die antenna crucis, den Mastbaum des Kreuzes:

> O crux salvatoris,
> du unser segelgerte bist,
> disiu werlt elliu ist daz meri,
> min trehtin *selbe* unser *vere*,
> diu rehten werch unser segelseil,
> di rihtent uns di vart heim.
> der segel deist der ware geloube,
> der hilfet uns der zuo wole.
> der heilige atem ist der wint,
> der vuoret unsih an den rehten sint.
> himelriche ist unser heimuot,
> da sculen wir lenten, gote lob.[12]

Durch diese *widervart*, also die Heimkehr, bzw. den *überganc*, lateinisch *transitus*, von der Zeitlichkeit der Gottferne in die Ewigkeit der Gottnähe gelangt der Mensch zum Ort seiner Bestimmung, an dem und für den er einst geschaffen

---

[11] Übersetzung der Verse 351-354: "Das gab uns freie Rückkehr in unser angestammtes Erbland, beides: Wege und Land; dorthin ziehen wir unseren spirituellen Weg."

[12] Übersetzung von Strophe 33: " Oh, du Kreuz des Heilands. Du bist unser Mastbaum, diese ganze Welt ist das Meer. Mein Herr ist *selbst unser Fährmann*, die guten Werke sind unsere Takelage, die geben uns den rechten Kurs nach der Heimat. Das Segel ist der wahre Glaube, der hilft uns wohl dazu. Der heilige Geist ist der Wind, der führt uns in den rechten Hafen. Das Himmelreich ist unsere Heimat, dort werden wir an Land gehen, Gott sei gelobt!"

worden war, wie das letzte Verspaar abschließend festhält: *da wir den lip namen, / dar widere scul wir. Amen* ("Wo wir das Leben empfingen, dahin sollen wir wieder zurück. Amen."- 419f.).

Die Untersuchung der Metaphorik bestätigt die vorausgehenden Überlegungen; denn die Metaphern erklären sich aus dem typologischen Verhältnis der durch Adam ausgelösten alten Zeit der Gottferne und der durch Christus eingeleiteten neuen Zeit der Gnade. Die Sinnmitte bildet dabei die Passion Christi, die ihrerseits auf seine Wiederauferstehung und die damit ausgelöste Rückkehr der Gläubigen in die ewige Heimat zielt. Beide Bezugspunkte des Liedes konzentrieren sich auf das Ereignis, das die Pilger am Ostersonntag 1065 erwarteten: die Auferstehung Christi aus dem Heiligen Grab, das Ende der alten und den Anfang der neuen Welt, in deren paradiesische Ewigkeit vor allen andern Menschen aufzuerstehen die Jerusalemfahrer glaubten, die zu dem Zeitpunkt hierfür an Christi Grab bereit sein wollten.

So wie der Durchzug durch das Rote Meer (346), das Land Israel, das der Autor nur allegorisch versteht: *Spiritalis Israel* (359), und die vier Paradiesesflüsse, die er als nicht von dieser Welt schildert, ist auch der Ort, auf den sich das ganze Interesse der Dichtung richtet, nicht irgendeine Stadt, sondern Jerusalem. Das irdische Jerusalem, das in der Vorstellung des Menschen unauflöslich mit dem himmlischen Jerusalem verbunden war; denn die Stadt, die im Mittelalter in ihrer hebräischen Bedeutung als *visio pacis*, als *vridesehunge* 'Schau des Friedens' verstanden wurde, lenkte das Auge auf den ewigen Frieden im Paradies. Die Hoffnung, am Ziel der Wallfahrt in Jerusalem bei der Wiederkehr Christi am Ende des sechsten Weltzeitalters mit dem Sohn Gottes in ein neues Leben im himmlischen Jerusalem aufzuerstehen, vereinte die Pilger, die damals auf ihrem Palästinazug 'Ezzos Gesang' sangen.

III. *sô lâzet mich kêren / zunserm herren Jêsû Krist, / des gnâde alsô stæte ist / daz si niemer zegât, / und ouch zuo mir armen hât / alsô grôze minne / als zeiner küniginne.*

"So laßt mich heimkehren zu unserm Herrn Jesus Christus, dessen Gnade so stetig

ist, daß sie nie vergeht, und der auch zu mir in meinem Elend so große Liebe emp-
findet wie zu einer Königin. " - Über die Paradiesesdarstellung im 'Armen Heinrich'
Hartmanns von Aue

Daß der 'Arme Heinrich' eine Paradiesesdarstellung enthält, will nicht jedem, der
sich an die legendenähnliche Dichtung Hartmanns von Aue erinnert, in den Sinn.
Und ebenso sind auch die meisten Interpreten dem Erzählabschnitt aus dem Wege
gegangen, in dem das Mädchen, das sich für den Herrn opfern will, seinem Jenseitsverlangen dadurch Ausdruck verleiht, daß es den Eltern sein Leben im Diesseits als hoffnungslos hinstellt und das von ihm ersehnte Leben im Paradies an
der perspektivelosen Zukunft in der Welt mißt. Der rhetorisch ausgefeilte selb-
ständige Erzählabschnitt steht im Zentrum der Dichtung und entspricht allem Anschein nach ihrem Eingang, als der Erzähler an Heinrich, den der Aussatz gerade
erst vom Gipfel irdischen Glücks in das größte Leid herabgestürzt hat, die Vergänglichkeit als Prinzip des Irdischen exemplifiziert. Dem versöhnlichen Ende
scheint die weltverneinende Passage dagegen zu widersprechen; denn ehe der Erzähler sich abschließend seinem Publikum in der Hoffnung zuwendet, Gott möge
sie gemeinsam genauso belohnen wie Heinrich und das Mädchen, versichert er,
nach einem langen glückseligen Leben in der Welt hätten beide gleichermaßen
das ewige Leben im Jenseits erlangt: *nâch süezem lanclîbe / do besâzen si gelîche
/ daz ewige rîche* (1514-16). Aber das steht auf einem andern Blatt; denn die Ge-
gensätze beider Lebensformen, die erst infolge der Umkehr Heinrichs während
der Arztszene in Salerno unüberbrückbar scheinen, weil dieser nun nicht mehr
bereit ist, das Opfer anzunehmen, als er das Mädchen in seiner kreatürlichen
Schönheit erblickt, während dieses darauf beharrt, sich für ihn zu opfern, sind
nicht eher aufgehoben, als bis Gott den für beide Menschen unlösbaren Konflikt
beigelegt hat. Infolgedessen finden die zuvor allein der Welt zugewandte und
somit die Augen vor dem Schöpfer verschließende Heinrich und das Mädchen,
das sich in übersteigerter Weltflucht und Jenseitsverlangen aus contemptus mundi
('Weltverachtung') ebenso vermessen hat, zu einem gleichermaßen Gott und der
Welt genügenden Leben und endlich vermöge der ständeübergreifenden Ehe aus
dem Status der Unvollkommenheit in den der Vollkommenheit, da sie auf die
Weise dem im Schöpfungsplan angelegten, kraft des Sündenfalls eingebüßten und

im ewigen Leben wieder eingesetzten Prinzip der Freiheit und Gleichheit aller Menschen vor Gott noch in dieser Welt gerecht werden.

Nach diesen einführenden Worten möchte ich Ihnen den Passus vortragen, in dem das Mädchen den Hof des von ihr ersehnten Mannes ihren Eltern beschreibt, damit sie sich ihrem Wunsch nicht länger entgegenstellen (773-812):

> Nû setzet mich in den vollen rât
> der dâ niemer zegât.
> 775 mîn gert ein vrîer bûman
> dem ich wol mînes lîbes gan.
> zewâre, dem sult ir mich geben,
> sô ist geschaffen wol mîn leben.
> im gât sîn phluoc harte wol,
> 780 sîn hof ist alles râtes vol,
> da enstirbet ros noch daz rint,
> da enmüent diu weinenden kint,
> da enist ze heiz noch ze kalt,
> da enwirt von jâren nieman alt,
> 785 der alte wirt junger;
> dâ enist vrost noch hunger,
> da enist deheiner slahte leit,
> da ist ganziu vreude âne arbeit.
> ze dem wil ich mich ziehen
> 790 und selhen bû vliehen
> den der schûr und der hagel sleht
> und der wâc abe tweht,
> mit dem man ringet und ie ranc.
> swaz man daz jâr alsô lanc
> 795 dar ûf garbeiten mac,
> daz verliuset schiere ein halber tac.
> den bû den wil ich lazen,
> er sî von mir verwâzen.
> ir minnet mich, deist billich.
> 800 nû sihe ich gerne daz mich
> iuwer minne iht unminne.
> ob ir iuch rehter sinne

an mir verstân kunnet
und ob ir mir gunnet
805   guotes und êren,
sô lâzet mich kêren
zunserm herren Jêsû Krist,
des gnâde alsô stæte ist
daz si niemer zegât,
810   und ouch zuo mir armen hât
alsô grôze minne
als zeiner küniginne.[13]

Ihren Ort hat die Beschreibung des Hofes im Rahmen des unverhältnismäßig langen Dialogs, als das Mädchen gegenüber den Eltern in seinem gleichermaßen ausführlichen Monolog seine Bereitschaft, sich für Heinrich zu opfern, damit rechtfertigt, daß der schöne Schein der Welt den Menschen trüge, da der, welcher ihm erliege, sein Seelenheil einbüße. Die descriptio paradisi mißt die Meierstochter nun kontrastiv an ihrer Auffassung von dieser Welt, welche nichts anderes auszeichne als allein ihre Unvollkommenheit, der Verlust am Guten, die privatio boni; so weiß das Mädchen dem Leben im Diesseits rein gar nichts abzugewinnen, da ihr auch die Aussicht auf Ehe und Familie, wie die Eltern sie für die Tochter erhofften, nichts als Mühe und Leid bedeute (765-772).

---

[13]   Hartmann von Aue, Der arme Heinrich, hg. von Hermann Paul. 16., neu bearbeitete Auflage besorgt von Kurt Gärtner (Altdeutsche Textbibliothek 3), Tübingen 1996. Übersetzung der Verse 773-812: "Nun versorgt mich mit all dem, was dort niemals zugrundegehen wird. [775] Nach mir verlangt ein freier Bauer, dem ich mich wohl anvertrauen möchte. Fürwahr, dem sollt ihr mich geben, dann steht es wohl um mein Leben. Ihm geht sein Pflug sehr gut, [780] an seinem Hof fehlt es an nichts, dort stirbt weder Pferd noch Rind, dort bereiten weinende Kinder keinen Verdruß. Dort ist es weder zu heiß noch zu kalt, dort wird niemand an Jahren alt, [785] [im Gegenteil:] der Alte wird jünger; dort gibt es weder Frost noch Hunger, dort gibt es keinerlei Leid; dort gibt es nichts als Freude ohne Mühsal. Zu dem will ich mich begeben [790] und solch ein Feld fliehen, das Schauer und Hagel schlagen und das die Flut hinwegschwemmt, mit dem man ringt und immer gerungen hat. All das, was man das Jahr über [795] darauf erarbeiten kann, macht ein halber Tag jäh zunichte. Das Feld will ich verlassen, es sei von mir verflucht. Ihr liebt mich, das ist recht, [800] nun sehe ich [aber auch] gern, daß sich eure Liebe zu mir nicht ins Gegenteil verkehrt. Wenn Ihr mich recht verstehen könnt und wenn Ihr mir [805] Gut und Ehre vergönnt, dann laßt es zu, daß ich zu unserm Herrn Jesus Christus heimkehre, dessen Gnade so stetig ist, daß sie nie vergeht, [810] und der auch zu mir in meinem Elend so große Liebe empfindet wie zu einer Königin."

In dem neuen Erzählabschnitt, mit dem ihre Beschreibung des Hofs einsetzt, fordert die Bauerntochter ihre Eltern einleitend dazu auf, sie mögen sie in die Lage versetzen, daß es ihr an nichts fehle und es auch in alle Zukunft so bleibe, um ihnen gleich darauf zu versichern, ein freier Bauer verlange nach ihr und ihm wolle sie sich und ihr Leben schenken. Würden die Eltern sie ihm geben, so stehe es wohl um ihr Leben; denn sein Hof sei in jeder Hinsicht vollkommen, weil es ihm an nichts gebreche, wie eine ganze Reihe von Negierungen irdischer Mängel zeigt, die dazu führen, daß das Mädchen sich eben dahin gezogen fühlt und vor dem Ort fliehen will, wo ihm nichts als Mühe und existentielle Not bevorstünden.

Die kontrastierende Gegenüberstellung beider Höfe, wie sie die rhetorische Technik der indirekten Beschreibung des vollkommenen mittels der Negationen des unvollkommenen Hofs impliziert, mündet in das Fazit des Mädchens, seine Eltern möchten sie *zunserm herren Jêsû Krist* heimkehren lassen, dessen Gnade ewig währe und der selbst zu ihr als einer *armen* so große Liebe empfinde wie zu einer Königin (806-812). Mit dieser Wendung gibt das Mädchen ausgangs der Beschreibung den Eigner des perfekten Bauernhofs, von dem es eingangs noch gesagt hat, er sei *ein vrîer bûman*, der nach ihr verlange, wie auch sie sich ihm hingeben wolle, ausdrücklich als Jesus Christus zu erkennen. Auf die Weise schlägt die Beschreibung des vollkommenen Bauernhofs unzweideutig um in eine Paradiesesallegorese, deren Grundzüge der Autor der spirituellen Exegese des Hohen Liedes, und zwar der Brautmystik entlehnt hat, in der die Braut zum himmlischen Bräutigam heimzukehren begehrt, wie auch er nach ihr verlangt.

Die Beobachtung ist über den Befund des Bildungshorizonts eines Laiendichters um 1200 oder der Hohelied-Rezeption in der volkssprachigen höfischen Literatur hinaus für die Interpretation der Liebe im 'Armen Heinrich' von Bedeutung, denn diese öffnet sich über das Zwischenmenschliche hinaus zur *gotes minne*, zum amor Dei – wobei *gotes* bzw. Dei hier zugleich als Genetivus subiectivus und obiectivus zu verstehen ist, also zur mystischen Gottesliebe, der Liebe Gottes zum Menschen wie der Liebe des Menschen zu Gott, welche durch die wechselseitige Zuneigung bestimmt ist. Zwischenmenschlicher und also auch der Elternliebe ist diese Liebe ungleich überlegen; wie denn das Mädchen in eben dem

Kontext der Paradiesesdarstellung im Anschluß an die Beschreibung des vollkommenen und die Absage an den unvollkommenen Hof und vor sein Bekenntnis zur Liebe des himmlischen Bräutigams die Elternliebe, die nur recht und billig sei, der grenzenlosen Liebe Christi nachstellt und die Eltern beschwört, sie möchten ihre Liebe nicht dadurch ins Gegenteil verkehren, daß sie der Tochter bei ihrem Verlangen nach dem himmlischen Bräutigam im Wege stünden. Zur Erinnerung zitiere ich noch einmal den Schluß der Passage (799-812):

>   ir minnet mich, deist billich.
> 800 nû sihe ich gerne daz mich
>   iuwer minne iht unminne.
>   ob ir iuch rehter sinne
>   an mir verstân kunnet
>   und ob ir mir gunnet
> 805 guotes und êren,
>   sô lâzet mich kêren
>   zunserm herren Jêsû Krist,
>   des gnâde alsô stæte ist
>   daz si niemer zegât,
> 810 und ouch zuo mir armen hât
>   alsô grôze minne
>   als zeiner küniginne.

Die nachrangige Einstufung irdischer Werte und Maßstäbe wie hier der Liebe (*minne*) gilt auch für andere im 'Armen Heinrich' angesprochene zwischenmenschliche Komplexe vor allem im Bereich von Ethik und sozialen Bindungen wie die Tugenden sowie Recht und Gewohnheit, die in ihrer zeit- und weltbedingten Defizienz durch die absoluten Bindungen im Ewigen relativiert sind, wie der Autor es prägnant formuliert, wenn er das wechselseitige Treue- und Abhängigkeitsverhältnis von Gott und Mensch durch Antonomasien wie Schöpfer und Geschöpf, Vater und Kind, Herr und Lehnsmann, Bräutigam und Braut zu veranschaulichen sucht. Eine ähnliche Funktion - nämlich die, den Erscheinungen der Welt gleichsam sub specie aeternitatis ("gemessen an der Ewigkeit") auf den Grund zu gehen und sie auf die Weise in ihrer Bedingtheit und Mangelhaftigkeit zu relativieren - erfüllen die durchweg so und nicht anders ausgerichteten kontrastierenden Bild- und Metaphernpaare für Vergänglichkeit und Ewigkeit, Leben und Tod, Gebrechen bzw. Krankheit und Gesundheit, Diesseits und Jenseits, die nicht selten die hermeneutische Dynamik von Paradoxa und Oxymora entfalten.

Nachdem ich bisher hervorheben wollte, daß die Beschreibung des Bauernhofs sich aus der Beziehung zur Exegese des Hohen Liedes Salomons erklärt, woraus sich wiederum ableiten läßt, daß der Autor das Jenseitsverlangen des Mädchens als mystische Gottesliebe der anima desiderans ('[Gott] verlangende Seele') zu verstehen gibt, die ihrerseits den Deus desiderans ('den [nach der Seele] verlangenden Gott') voraussetzt, und nachdem ich ferner betont habe, daß das Mädchen im selben Passus die zwischenmenschliche Liebe in der Welt gegenüber der nie zuendegehenden Liebe des himmlischen Bräutigams herabsetzt, möchte ich nun der Frage nachgehen, ob das Hohe Lied über die Paradiesesallegorese hinaus auch andere Teile des 'Armen Heinrich' bestimmt.

Daß die Antwort auf die Frage positiv ausfällt, liegt nicht zuletzt an Hallich, der in einem Exkurs zu seiner Dissertation über Hartmanns 'Gregorius' nachgewiesen hat, daß sich die conversio Heinrichs während der Arztszene in Salerno in entscheidenden Punkten aus der Nähe zur allegorischen Exegese des Hohen Liedes und zumal Bernhards von Clairvaux erklärt. In eben dem Zusammenhang vermutet Hallich auch, "es könnte mehr als Zufall sein, daß der Begriff *gemahel* genau dem der *sponsa* aus dem Hohen Lied" entspricht[14]. - Eine Wortschatzuntersuchung läßt aufgrund der vielen Korrespondenzen kaum einen Zweifel daran, daß *gemahel* ('Braut'), welches rund ein Dutzend mal im 'Armen Heinrich' begegnet und gleichsam die Funktion eines Leitmotivs erhält, im Sinne der zeitgenössischen Hohelied-Exegese von sponsa zu verstehen ist.

Sehe ich recht, so löst diese Erklärung nicht nur die Aporie, wie das Wort *gemahel* zu begreifen ist. Die Annahme, daß sich *gemahel* als sponsa im Sinne der Hohelied-Exegese versteht, und die Erkenntnis, daß diese mit der Paradiesesallegorese und der alles entscheidenden Salernoszene zwei exponierten Passagen im

---

[14] Oliver Hallich, Poetologisches, Theologisches. Studien zum 'Gregorius' Hartmanns von Aue (Hamburger Beiträge zur Germanistik 22), Frankfurt/M. u.a. 1995, 217.

'Armen Heinrich' zugrundeliegt, hat nämlich auch Konsequenzen für das Verständnis der Dichtung insgesamt, und zwar besonders für das der Minne zwischen Heinrich und der *maget* ("dem Mädchen"), die man sich zum einen buchstabengetreu im Sinne einer historischen Deutung vorstellen mag, die sich aber zum anderen und darüber hinaus auch auf der Grundlage der Exegese des Hohen Liedes – und das heißt: allegorisch verstehen läßt, was zur Folge hätte, daß es hier nicht so sehr um die zwischenmenschliche Minnehandlung zwischen Heinrich und dem Mädchen, sondern vielmehr um das Verhältnis Heinrichs zu Gott geht. Aufgrund der zweigliedrigen Stufung, wie sie der Autor zunächst durch die Beschreibung des Mädchens und später durch ihre Erklärung vornimmt, der Bräutigam, der nach ihr verlange, sei Jesus Christus[15], scheint es möglich, ja vielleicht notwendig, die Dichtung vom armen Heinrich dem Verhältnis von Hohem Lied und Hohelied-Exegese analog zum einen im Sinne des Buchstabens und zum andern und darüber hinaus auch im Sinne der (allegorischen) Auslegung durch den Autor zu verstehen. Damit ergäbe sich der Sachverhalt der permixta apertis allegoria, welcher aus der zeitgenössischen lateinischen Poesie und Poetik vertraut ist und auch für die Interpretation des 'Armen Heinrich' geltend gemacht werden könnte. Dieses poetologische Konzept liegt vor, wenn ein Text im Unterschied zur tota allegoria nicht in toto, also insgesamt allegorisch ausgelegt wird und zu verstehen ist, sondern wenn der Autor den allegorischen Sinn an mindestens einer Stelle expressis verbis am Beispiel eines Wortes ausführt, das er im eigentlichen Wortsinn gebraucht. Über die einzelne Textstelle hinaus eröffnet der Typus der permixta apertis allegoria die Möglichkeit, den spirituellen Sinn auf das Verständnis des gesamten Werks zu übertragen.

Neben dem Rückgriff auf Elemente der Hohelied-Exegese und der hiermit verbundenen Einbeziehung der mystischen Gottesliebe sowie der Brautschaft der Seele in die Fabel vom 'Armen Heinrich' läßt sich erkennen, daß sein Autor das Verfahren der allegorischen Auslegung, wie er es zuvor auch in der Samariterallegorese im Prolog zu seinem 'Gregorius' angewandt hat, auf die Weise nutzt,

---

[15] Vgl. Corinna Dahlgrün, Hoc fac, et vives (Lk 10,28) – 'vor allen dingen minne got'. Theologische Reflexionen eines Laien im 'Gregorius' und in 'Der arme Heinrich' Hartmanns von Aue (Hamburger Beiträge zur Germanistik 14), Frankfurt/M. u.a. 1991, 273.

daß er seine bildhaft imaginative Poesie "mit den Sinndimensionen geistlicher Allegorie" verknüpft, wie es zumal in der lateinischen Literatur seit dem 12. Jahrhundert zu beobachten und lange zuvor in der Bibelexegese vertraut ist[16]. Auf die Weise hebt der Erzähler die Passage der Paradiesesdarstellung besonders hervor. Darüber hinaus vermag er durch diesen und weitere Bezüge auf die Exegese des Hohen Liedes die gesamte Dichtung über die Fabel hinaus zu sublimieren; denn er verleiht ihr die Erhabenheit und den Wahrheitsanspruch der Bibelexegese und der zeitgenössischen sakralen Poesie, welche er als Laie in der volkssprachigen Dichtung nachahmt.

---

[16] Wiebke Freytag, Allegorie, in: Gerd Ueding (Hg.), Historisches Wörterbuch der Rhetorik Bd. 1, Tübingen 1992, Sp. 330-392, hier: Sp. 346.

Corinna Dahlgrün

Jenseitswelten in der neuzeitlichen Gesellschaft[1]

Schon vor gut hundert Jahren klagten Prediger darüber, daß den Menschen - auch in ihren Gemeinden - der Glaube an das Jenseits abhanden gekommen sei. Viele stießen sich, so wurde berichtet, an der Lehre von der Hölle, und über das Jüngste Gericht werde nur noch gespottet. Heute ist das, wenn man den Umfragen und Reportagen glauben will, nicht anders. Nur scheinen sich die Prediger daran gewöhnt zu haben.

Heute hat sich die Situation sogar verschlechtert, denn nun ist auch das Diesseits fraglich geworden: Es wird als unübersichtlich und oft als bedroht erlebt, einen Sinn im Geschehen und im eigenen Leben zu entdecken, fällt immer schwerer. Manche sehen eine Chance im Fragmentarischen, doch häufiger bewirkt es Unsicherheit, Angst und sogar Resignation, die durchaus mit dem behaupteten Verlust der Jenseitsvorstellungen in Zusammenhang steht. Deshalb zunächst ein Blick auf das Diesseits, um zu sehen, an welchen Orten sich die Hoffnung auf eine andere Welt - oder die Angst vor ihr - ansiedeln oder verbergen könnte.

Genannt werden von den professionellen Zeitdiagnostikern viele angstauslösende Faktoren: die wirtschaftliche Entwicklung ebenso wie die Gefährdung der Umwelt und der allmähliche Abbau der Ressourcen, die Entwicklung der Medien und die Überflutung der Menschen durch Reize und Informationen. Arbeitslosenzahlen und Wertewandel oder -verlust sind gleichermaßen Anlaß zu Besorgnis. Zunehmende Mobilität macht das Umfeld unzuverlässig. Zuviel Freizeit und zu viele Konsumangebote machen das Leben unübersichtlich. Orientierung wird immer schwerer, und die Menschen haben immer öfter Angst, Angst um ihre Existenz, Angst vor der Zukunft.

Eine wichtige Rolle spielt auch die Enttäuschung von Hoffnungen auf positive Entwicklungen in der Geschichte oder in der Gesellschaft, so die Hoffnung auf dauerhaften Frieden nach dem zweiten Weltkrieg. Der Zusammenbruch des Ost-

---

[1] Dieser Beitrag ist die überarbeitete Fassung eines Abschnittes meiner Habilitationsschrift "Nicht in die Leere falle die Vielfalt irdischen Seins" Von der Notwendigkeit eschatologischer Predigt.

blocks führte wegen seines überwiegend friedlichen Verlaufs kurzzeitig zu der Illusion, daß sich nun auch die Nord-Süd-Konflikte und alle weiteren ökonomischen und ökologischen Probleme beheben ließen. Doch schon der erste Golfkrieg 1991 bereitete allen diesen Hoffnungen für viele Menschen ein drastisches Ende; spätestens tat dies der Nato-Angriff auf Jugoslawien 1999. "Kurzum", so resümiert ein Historiker, "das Jahrhundert endete mit weltweiten Unruhen, deren Beschaffenheit unklar war, und verfügte über keinerlei Mechanismen, um sie zu beenden oder unter Kontrolle halten zu können."[2] Ebenso fehlen Alternativen zu den erodierten politischen Konzeptionen und Konsensen, aber auch zu verlorengegangener politischer Glaubwürdigkeit. Zur Enttäuschung der Hoffnungen tragen ebenfalls und nicht zum wenigsten die wirtschaftlichen Probleme, die Tendenzen zu 'neuer Armut', bei, nachdem die im Wirtschaftswunder Aufgewachsenen von einem dauerhaften Leben im Wohlstand ausgegangen waren. Nun wird die alltägliche Unsicherheit (mit dem komplementären Ruf nach 'Recht und Ordnung') zu einem allgemeinen Phänomen, überall spürbar, alle betreffend. Ein weiterer Punkt der Enttäuschung resultiert aus dem Glauben an die menschlichen Möglichkeiten: Die Fortschrittsgläubigkeit, die immer noch hörbare Meinung, daß es den Menschen gelingen werde, auch die durch sie selbst verursachten Probleme zu bewältigen, wird kontinuierlich und stetig bedrohlicher durch die ökologische Situation enttäuscht. Auch die Suche nach einem sicheren, sich als beständig erweisenden Lebenssinn führt, kollektiv wie individuell, immer wieder zu Enttäuschungen. Die zuvor genannte Angst und diese 'Sammlung' von Enttäuschungen sind seelische Orte, an denen die Entstehung von Phantasien über das Jenseits zu erwarten wäre.

Der Philosoph Peter Sloterdijk sieht nun demgegenüber gerade den Verlust des Jenseits als eine weitere, wenn nicht die entscheidende Ursache der Enttäuschung, die dem modernen Menschen ein ungeschütztes Lebensgefühl gebracht habe. Er schreibt: "Aber nachdem Gottes schillernde Blasen, die kosmischen Schalen, geplatzt sind, wer wäre imstande, prophetische Hüllen um die Bloßgestellten zu schaffen? Gegen den kosmischen Frost, der durch die aufgerissenen Fenster der Aufklärung in die Humansphäre dringt, setzt die neuzeitliche Menschheit einen

---

[2]   Eric Hobsbawm, Das Zeitalter der Extreme. Weltgeschichte des 20. Jahrhunderts, Darmstadt 1995, 693.

gewollten Treibhauseffekt: Sie unternimmt die Anstrengung, ihre Hüllenlosigkeit im Raum nach dem Zerbrechen der himmlischen Gefäße durch eine zivilisatorische Kunstwelt zu kompensieren. [...] Nun sollen Netze und Versicherungspolicen an die Stelle der himmlischen Schalen treten; Telekommunikation muß das Umgreifende nachspielen."[3]

Das Lebensgefühl ist also nach Einschätzung der Zeitdiagnostiker wesentlich von Ungeschütztheit und Bedrohtheit, mancherlei Verlusten, Wertezerstörung und dem Zerfall des Religiösen sowie Ambivalenz gegenüber dem Fortschritt bestimmt. Der Alltag der mit einem solchen Lebensgefühl ausgestatteten Menschen ist in seiner existentiellen Problematik als "Innenorientierung"[4], als Konzentration auf das eigene Ich zu beschreiben. Hinsichtlich seiner Zeitgestaltung ist dieser Mensch auf der Suche nach Erlebnissen, wünscht Unbelastetheit, Ungebundenheit und Vergnügen, 'Fun'. Doch gleichzeitig lassen sich Momente eines Gefahrenbewußtseins ausmachen. Mindestens ist es möglich, die "Bürgerkriegsästhetik" der Geländewagen und Mountainbikes[5], aber auch des Extremsports und der Mode in dieser Weise zu deuten (Parka in den späten sechziger Jahren, Palästinensertücher in den siebzigern, Springersstiefel in den frühen achtziger Jahren und gegenwärtig wieder). Dieser Alltag ist für viele Menschen nicht unbedingt mehr real, er ist virtuell, wozu das Internet ebenso beiträgt wie Filme und Serien, wie die Abstumpfung gegenüber der bis zum Überdruß gezeigten tatsächlichen Wirklichkeit, wie die Werbung und wie die durch Anrufbeantworter und Mail-Boxen erzeugte "paranoische Illusion, stets mit allen verbunden zu sein"[6]. Zugleich beobachten Soziologen in allen gesellschaftlichen Milieus eine zunehmende Distanzierung von der Religion und ihren überlieferten Inhalten. In den Kirchen wird in diesem Zusammenhang häufig das Stichwort 'Traditionsabbruch' genannt. Damit einhergehend wird, jedenfalls bei einem Teil der Bevölkerung,

---

[3] Peter Sloterdijk, Sphären I. Blasen, Frankfurt 1998, 24f.

[4] Gerhard Schulze, Die Erlebnisgesellschaft. Kultursoziologie der Gegenwart, Frankfurt/New York ⁶1996, 221.

[5] Vgl. Peter Kemper, in: ders. (Hg.), Handy, Swatch und Party-Line. Zeichen und Zumutungen des Alltags, Frankfurt/Leipzig ²1996, 8. Vgl. ausführlich dazu Michael Mönninger, a.a.O., 28ff.

[6] Manfred Schneider, in: Handy, Swatch und Party-Line, 21. Vgl. a.a.O., 23: "Der von Telefonen, Faxgeräten, Handys, Anrufbeantwortern beseelte Raum ist nicht privat, sondern virtuell und total. Ich bin erreichbar, aber nicht bei mir."

zunehmende Offenheit für esoterisches Gedankengut, aber auch für einzelne Elemente fernöstlicher Religiosität registriert.

Von den Esoterikern und den Anhängern einer Wiedergeburtsvorstellung aber einmal abgesehen, scheint jedenfalls bei den Zeitgenossen der Gedanke an das Jenseits und irgendwelche Vorstellungen davon keine große Rolle zu spielen - ungeachtet der z.B. in Enttäuschungen und Zukunftsängsten gegebenen Anknüpfungspunkte. Mit diesem Fazit könnte ich den Vortrag natürlich beenden - wenn es denn stimmte. Es stimmt aber nicht. Das zeigt ein recht zufälliger Blick auf die Erzeugnisse gegenwärtiger Kultur, Kunst ebenso wie Popularkultur. Besonders die Erzeugnisse der letzteren, hier v.a. die kommerziell erfolgreichen Unterhaltungsfilme, können Aufschluß geben über Fragen, Gedanken und Wünsche der Zeitgenossen, weil sie bei vielen Menschen beliebt sind und offenkundig ausgesprochene oder unausgesprochene Bedürfnisse befriedigen. Solche Filmen können sogar, dazu sage ich gleich ausführlicher etwas, indem sie Sehnsüchte bestätigen und Wuncherfüllungen zeigen, auf das Alltagsverhalten wirken und in gewißem Grade zu einem Wertewandel beitragen.

Bei einer Sichtung solcher aktuellen Kulturerzeugnisse fällt jedenfalls auf, daß die Letzten Dinge, also Tod und Auferstehung, Jüngstes Gericht und Fegefeuer, Himmel und Hölle, besonders auch der Weltuntergang, die Apokalyptik, reichlich vertreten sind - d.h.: Hoffnung und Angst im Hinblick auf eine nicht allein zeitlich verstandene Zukunft sind Themen der Gegenwart. Es sind sogar durchaus populäre Themen. So heißt es in einer Untersuchung: "Es vergeht kaum ein Abend, in dem nicht TV-Serien mit UFOs eine technisierte Transzendenz und mit Aliens modernisierte Engel präsentieren. In Computerspielen wird im Weltraum oder auf einer verwüsteten Erde ein apokalyptischer Endkampf simuliert, schließlich inszenieren einige Jugendkulturen, z.B. Grufties oder Gothics, mit viel Aufwand eine Morbidität, die an eine individualisierte Endzeit denken läßt."[7]

---

[7]   Jörn Möller, Wiederkunft Christi oder selbstgewählter Untergang? Apokalyptische Motive zwischen Markusevangelium und Theosophischer Gesellschaft, in: Lernort Gemeinde. Zeitschrift für theologische Praxis 17/4 (1999) 52-57, hier: 57.

In jedem Bereich des Kulturschaffens ließen sich zahlreiche Beispiele für die Aufnahme einzelner eschatologischer Themen, von einem oder von mehreren von ihnen aufzählen - dagegen entwickelt kaum ein Kunstwerk eine vollständige eigene Lehre von den Letzten Dingen. Die Art der Auseinandersetzung mit diesen Themen ist von unterschiedlichem Gewicht und auch von unterschiedlicher Ernsthaftigkeit; mitunter wird mit den eschatologischen Gedanken eher gespielt, in anderen Fällen ist das alte Gedankengut eine Ausdrucksform aktueller Hoffnung oder - häufiger - aktueller Angst. Jedenfalls finden Sie "Himmel, Hölle, Tod und Teufel" überall, in der Musik, die in diesen Tagen hier zu hören ist, ebenso wie in der Popmusik. Sie finden sie in der Bildenden Kunst - zu denken ist z.B. an die Ausstellung von Harald Szeemann in Zürich "Weltuntergang & Prinzip Hoffnung" im Herbst 1999 - und im Internet. In einer Vielzahl von Büchern wird über Tod, Weltende und Jenseits spekuliert, phantasiert oder auch berichtet, angefangen bei manchen Kinderbüchern von Astrid Lindgren (Mio und die Brüder Löwenherz) oder Michael Ende (Die unendliche Geschichte) über die ganz eigene Gruppe der Science-Fiction-Literatur bis zur Belletristik, z.B. von Antonia Byatt (Geisterbeschwörung), Doris Lessing (Memoiren einer Überlebenden), Herbert Rosendorfer (Großes Solo für Anton) und David Lodge (Neueste Paradies Nachrichten). Eine Beschreibung und Analyse der hier gezeichneten Jenseitswelten wäre lohnend, doch wie eingangs angekündigt möchte ich jetzt auf Filme näher eingehen, die eschatologische Themen aufnehmen.

Zunächst kann festgehalten werden, daß alle Themen in Filmen vorkommen, Weltende und Tod des einzelnen, Auferstehung, Gericht, Himmel und Hölle. Im Hinblick auf die Apokalypse-Filme ist nur kurz auf ein stets wiederkehrendes Muster hinzuweisen: Stets droht der Erde und ihrem Bestand Gefahr, sei es durch Außerirdische (Independence Day, Men in Black), durch selbständig gewordene Maschinen (Terminator 2), durch Naturereignisse (Armageddon), durch menschliches Handeln (Jurassic Park oder The Day After) oder sogar durch den Teufel selbst (End of Days). Doch wird diese Gefahr stets von Menschen abgewendet, die das Kommen des 'Jüngsten Tages' immer wieder verhindern können. Der Weltuntergang findet nicht statt, sondern an seiner Stelle mitunter eine Art Auferstehung der Erde, eine neue Chance, manchmal verbunden mit der Hoffnung auf eine Verbesserung der Lebensumstände und der Menschen. Die 'neue Erde', von der die Bibel spricht, wird nicht erhofft.

Während also in den Apokalypse-Filmen über das Jenseits nicht viel zu erfahren ist, verhält sich das in den Filmen anders, die mit Tod und weiterem Geschick des Individuums zu tun haben. Fünf solcher Filme möchte ich Ihnen vorstellen, dazu noch einen der äußerst erfolgreichen Science-Fiction-Filme.

Der erste Film ist eine Art Remake des expressionistischen Stummfilms "Der müde Tod" von Fritz Lang, den Sie gestern haben sehen können, begleitet von der äußerst eindrücklichen Orgelimprovisation von Jürgen Essl: "Rendezvous mit Joe Black" (USA 1999). Es ist nur eine 'Art' Remake, da vor allem das Motiv des körperlich anwesenden Todes und der Zusammenhang von Tod und Liebe aufgenommen wurden, allerdings in klassischer Hollywood-Manier und die Inhalte nachhaltig verändernd. Der verwitwete William Parrish, ein äußerst erfolgreicher und zudem sympathischer und integrer Geschäftsmann spürt wenige Tage vor seinem 65. Geburtstag, für den seine Töchter ein großes Fest vorbereiten, die ersten Anzeichen eines Herzinfarktes, zugleich nimmt eine Stimme, die man bald als die des Todes identifiziert, einen inneren Dialog mit ihm auf. Kurz darauf kommt der Tod persönlich. Er erscheint in der Gestalt eines jungen Mannes, den Parrish's Tochter Susan am Morgen in einem Café kennengelernt hatte - ein Fall von Liebe auf den ersten Blick - und den der Tod sofort nach dieser Begegnung durch einen Unfall hatte sterben lassen, weil er einen Körper benötigte; denn er beabsichtigt, eine Weile zu bleiben, bevor er Bill Parrish mitnimmt. Auf Bills ahnungsvolle Frage, wer er sei, antwortet er: "Multipliziere Jahrtausende mit Äonen und potenziere sie mit der Unendlichkeit, solange gibt es mich schon." Doch obwohl er somit zeitlos zu sein und überdies über sein Tun selbst zu bestimmen scheint - er folgt anscheinend keinem höheren Auftrag -, kennt er sich mit dem Leben nicht aus und will es kennenlernen; pure Neugier, das unvergänglichste und wichtigste Element des Universums, habe ihn bewogen, Bill aufzusuchen, und solange diese Neugier nicht befriedigt sei, wolle er bleiben - eine Frist für Bill, solange dieser den Handel und des Gastes Identität nicht verrate. Er zieht bei seinem Opfer ein, der ihn seiner Familie und seinen befremdeten Geschäftsfreunden als Joe Black vorstellt, und entwickelt als erstes eine Vorliebe für

Erdnußbutter, sodann freundet er sich mit der Tochter Susan an, die über den ersten Schock, den Unbekannten aus dem Café als scheinbar intimen Freund des Vaters wiederzusehen, rasch hinwegkommt. Er habe sonst keine Freunde, läßt er sie wissen. Die beiden verlieben sich, und ungeachtet der Warnungen des Vaters verführt Susan den unerfahrenen Besucher. Derweil versucht Bill Parrish, der die verbleibende Zeit zu liebevollem Kontakt und dem Aussprechen der Liebe zu seinen Töchtern nützt, sein Lebenswerk, einen Medienkonzern, vor der Fusion mit einem profitgierigen Unternehmer zu bewahren, scheitert aber wegen der Intrigen seines eigenen Mitarbeiters. Er gerät in heftigen Zorn, wird aber von Joe beruhigt: "Sachte Bill. Wenn du jetzt deinen Infarkt kriegst, ruinierst du meine Ferien." Obwohl die Möglichkeiten des Todes groß sind, menschliche Geisteskräfte "multipliziert mit Unendlichkeit, erweitert um Ewigkeit", läßt er bezüglich einer Verlängerung der Frist oder gar der Verschonung Bills nicht mit sich handeln. Auch wenn es von jeder Regel eine Ausnahme gebe, von dieser nicht. Doch bevor er ihn mitnimmt, hilft er ihm durch Einschüchterung des verräterischen Mitarbeiters, den Konzern zu retten. Falls dieser von seinem Tun nicht ablasse, werde er "bis in die Ewigkeit darben an einem Ort ohne Tür" - einer von zwei Hinweisen auf das Jenseits. Dann verzichtet Joe aufgrund der Vorhaltungen Bills darauf, auch Susan mitzunehmen, obwohl er sie liebe bis in alle Ewigkeit. Am Tag des Geburtstags ist Bills Zeit zuende. Er fragt den Tod, zu dem er inzwischen ein recht freundschaftliches Verhältnis entwickelt hat, ob er sich fürchten müsse. Joe antwortet: "Nicht jemand wie du." - Die zweite Jenseits-Spur. Nachdem dann auch noch der junge Mann, dessen Körper der Tod genutzt hatte, (offenkundig mit Gedächtnisschwund nach seinem Unfall) vor der erstaunten Susan steht, schließt der Film mit dem Feuerwerk zu Bills Ehren.

Der zweite Film, "Flatliners" (USA 1990), teilt bereits etwas mehr über das Jenseits mit, über die Andeutung von Himmel und Hölle hinaus; er befaßt sich mit 'Nahtoderlebnissen'. Jungmediziner wollen wissen, was jenseits der Todesgrenze auf den Menschen wartet; dazu versetzen sie einander medikamentös in klinischen Tod und führen nach einer bestimmten Zeit Reanimationen durch - "Ich möchte einfach in Erfahrung bringen, ob es nach dem Tod noch irgendwas gibt", teilt einer von ihnen mit. "Die Philosophie hat versagt, die Religion hat versagt, doch die Naturwissenschaft versagt vielleicht nicht. Ich finde, wir sind der Menschheit eine Antwort schuldig." Die Antworten fallen individuell verschieden und sehr ambivalent aus: von dem 'Licht am Ende des Tunnels' über personifizierte Sünden, die die frisch Verstorbenen und immer mehr auch die Reanimierten quälen (ein in der Jugend bis zum Suizid gequälter Schulkamerad, der in häufigen Wachträumen den jungen Mann attackiert), bis hin zu der Erfahrung, daß eine Versöhnung mit Menschen möglich ist, denen gegenüber sie Schuld auf sich geladen haben. Neben der Botschaft, daß eine solche Versöhnung geschehen muß, aber auch geschehen kann, lautet einer der offenbar zentralen Sätze des Films: "Alles spielt eine Rolle, alles, was wir im Leben tun."

Vor allem die Gerichtsthematik ist im dritten Film, "Rendezvous im Jenseits" (O: Defending your life, USA 1991), filmisch umgesetzt. Daniel kommt nach einem Autounfall nach Judgement City, einem Ort anscheinend in den Wolken, wo die Verstorbenen entsprechend der Verdienste in ihrem Leben in qualitativ sehr unterschiedlichen Hotels untergebracht werden und, von Anwälten vertreten, ihr Leben in einer Gerichtsverhandlung zu verantworten haben. In der Verhandlung werden Filmaufzeichnungen von bestimmten Ereignissen eines Lebens gezeigt, so erfährt Daniel von seinem Anwalt. "Als Sie in dieses Universum geboren wurden, da war das für eine lange, lange Zeit. Sie haben eine Menge verschiedener Leben und nach jedem Leben gibt es eine Zeit der Überprüfung, worin Sie jetzt sind. Sehen Sie, jede Sekunde eines jeden Lebens wird jeweils aufgezeichnet. Und wenn alles endet, betrachten wir es uns. Wir sehen uns ein paar Tage an, prüfen sie, und dann, wenn alle einverstanden sind, kommen Sie weiter." Daniel fragt: "Was meinen Sie mit weiterkommen?" - "Ich meine vorwärtskommen auf dem Weg aufwärts. Der Zweck der ganzen Übung ist, klüger zu werden. Weiterzukommen. [...] Das Universum ist wie eine große Maschine, und wir sind Teile davon. Sie wollen natürlich kein Teil durchgehen lassen, das noch nicht soweit ist. Wenn ein schlechtes Teil durchkommt, bricht die ganze Maschine zusammen. Das ist also unsere Aufgabe hier, zu prüfen, ob Sie soweit sind." Daniel fragt weiter: "Was ist, wenn ich schuldig bin, was passiert mir dann?" - "Es geht nicht um schuldig oder nicht schuldig. Im schlimmsten Fall müssen Sie wieder auf die Erde zurück und es nochmal versuchen." - "Was heißt das: Man geht immer wieder zurück, bis man es richtig macht?" - "Wissen Sie, unbegrenzt auch wieder nicht. Irgendwann werden Sie weggeworfen." Der Anwalt erklärt Daniel dann, daß das Weiterkommen vor allem durch Angst behindert werde. "Angst ist wie ein gigantischer Nebel. Sie sitzt in Ihrem Gehirn und blockiert alles." Daniel fragt: "Ich stehe also unter Anklage, weil ich Angst habe?" Der Anwalt antwortet: "Nun, erstens gefällt mir der Ausdruck 'unter Anklage' nicht, und zweitens: ja." Die von Daniel gezeigten Filmausschnitte machen keinen guten Eindruck, er soll auf die Erde zurück. Der Anwalt versucht ihn zu trösten: "Nur weil die Sie zurückschicken, bedeutet das nicht, daß sie recht haben. Die können auch Fehler machen. Sie sollten sich das von niemandem gefallen lassen. Hören Sie auf Ihr Innerstes." Ungeachtet des Urteils hat der Film ein glückliches Ende; durch eine mutige Aktion in letzter Minute verdient sich Daniel den Zugang zum Himmel.

Die Hölle ist in vielen neueren Filmen auf dieser Welt und in der Gegenwart zu finden, als eindrückliche Beispiele seien "New Jack City" (USA 1991) und "Alien 3" (USA 1992) genannt. "Im Auftrag des Teufels" (USA 1997) fällt ebenfalls in gewissem Sinne in diese Rubrik, mindestens lebt der Teufel hier als Inhaber einer großen Anwaltskanzlei in New York. Doch auch jenseitige Höllen werden dargestellt. Woody Allen, der schon oft in leicht ironischem Ton die Frage nach der Existenz Gottes, nach dem Tod und dem Jenseits gestellt hatte, gerät in "Harry außer sich" (USA 1998), dem vierten hier vorzustellenden Film, tatsächlich in die Hölle, die er aufsucht, nachdem er festgestellt hat, daß sein Freund, der ihm die Geliebte ausgespannt hat, in Wahrheit der Satan ist. Diese Hölle hat verschiedene, mit einem Fahrstuhl erreichbare Etagen und bietet Bilder, wie sie nach mittelalterlichen Höllendarstellungen zu erwarten sind: Flammen, zahlreiche, meist nackte Gemarterte, sie quälende Teufel und Dämonen. Die Zuordnung der Verdammten zu den verschiedenen 'Kreisen' weist gegenüber Dante einige Veränderungen auf, so finden sich in der 6. Etage Rechtsextremisten, Serienmörder und TV-Anwälte, die 7. Etage (Medien) ist überfüllt, in der 8. Etage sitzen neben flüchtigen Kriegsverbrechern auch Fernsehprediger. Im Untergeschoß mit der eleganten Wohnung des Cocktail-trinkenden Teufels (sein Trinkspruch lautet: "Auf das Böse - es hält die Dinge in Schwung") begegnet Harry seinem Vater, der, wie er vom begleitenden Teufel erfährt, wegen mangelnder Liebe zum Sohn "verdammt zu ewigem Leiden" ist. Auf Harrys Bitte, ihn gen Himmel fahren zu lassen, weil er ihm vergeben habe, wendet der Vater ein: "Ich bin Jude, wir glauben nicht an den Himmel." Harry fragt sichtlich entnervt: "Und wo willst du dann hin?", der Vater antwortet: "In ein chinesisches Restaurant." - Natürlich sind diese Szenen kaum ein ernstgemeintes Bekenntnis des Autors und Regisseurs zur Existenz einer strafenden Unterwelt, oder doch nur in dem Maße, wie es Woody Allen grundsätzlich Ernst ist mit der Religion.

Ausführlicher beschreibt der fünfte Film, "Hinter dem Horizont" (USA 1998), die jenseitige Situation: Der mit der Malerin Annie verheiratete Chris stirbt, vier Jahre nach dem Tod seiner Kinder, durch einen Autounfall. Nachdem er sein Haus besucht hat und bei seiner Beerdigung war, teilt ihm der vor Jahren verstorbene begleitende Freund mit, daß er noch 'da sei', nur tot, und daß es an ihm liege, wann er aufhören wolle, seiner Frau durch seine Gegenwart weh zu tun. Er verläßt sie und erwacht auf einer blühenden Wiese, die eines der Bilder seiner Frau zu sein scheint - die Blumen sind aus Ölfarbe. Der vor langer Zeit einge-schläferte Hund kommt als junges Tier auf ihn zugesprungen. Chris findet: "Der Ort, an dem wir uns alle wiedertreffen, kann nicht so schlecht sein." Dann er-scheint der Freund wieder und teilt mit, daß das anfängliche Malen der Umge-bung aus Unsicherheit resultiere. "Aber jetzt bist du derjenige, der die Welt um dich herum neu entstehen läßt. Sie entsteht nur in deiner Phantasie, aus dem, was du willst." Die Gedanken seien Realität. Auf die Frage nach Gott teilt er mit, daß der 'da oben' sei. "Er liebt uns. Und schreit es uns regelrecht zu. Und wundert sich, warum wir es nicht hören." Der Himmel ist so groß, daß jeder sein eigenes Universum haben kann, doch man kann seine Visionen auch gemeinsam realisie-ren. Chris sieht seine Kinder wieder, in unerwarteter Gestalt, nämlich in der, die sie sich gewünscht hatten, um dem Vater zu gefallen. Dann nimmt sich Annie das Leben; er wird informiert: "Selbstmörder gehen woanders hin." Bestraft wür-den sie nicht, hier gebe es keine Richter, sie kämen auch nicht wegen Unmoral oder Selbstsucht in die Hölle. "Die meisten wissen instinktiv, daß sie ihre Le-bensreise nicht willkürlich beenden dürfen, doch Annie hat sich nicht daran ge-halten. Und sie will es nicht einsehen. [...] Ihr Weg durch die Ewigkeit wird es sie hoffentlich lehren." Chris will sie in der Hölle finden; wenn ihre und seine

Liebe stark genug seien, wird ihm bedeutet, werde es gelingen. Doch sie werde ihn nicht erkennen, er bekomme lediglich die Möglichkeit, sich von ihr zu verabschieden. Die Hölle ist, wie stets überliefert, ein dunkler, schrecklicher Ort, teils ein Meer aus Köpfen, die bei Berührung aufschreien, teils eine einsame, dunkle, heiße oder kalte Gegend voller großer Spinnen. Wie angekündigt, erkennt ihn Annie nicht, darauf beschließt er bei ihr zu bleiben: "Gute Menschen enden in der Hölle, weil sie sich selbst niemals verzeihen können", sagt er. Doch als er sich um ihretwillen aufgeben will, erkennt sie ihn und will nun ihn retten. Er erwacht im Paradies, sie ist da, ihre Kinder kommen zu ihnen. Chris' Kommentar: "Viele Menschen halten Dinge nur deshalb für unmöglich, weil sie sie nie gesehen haben." Die beiden entschließen sich für eine Wiedergeburt, um es beim zweiten Mal besser zu machen, ihre Kinder würden diesen 'Herzschlag lang' auf sie warten.

Nachdem wir bei Betrachtung der fünf Filme im Jenseits angekommen sind, soll ein Science-Fiction-Film die Darstellung abschließen, und zwar "Episode 1 - Die dunkle Bedrohung" (USA 1999), der Blick der Star-Wars-Trilogie in die eigene Vergangenheit. Der Film zeigt, neben vielen sonderbaren Wesen aus entfernten Galaxien und zahlreichen Kämpfen, den klassischen Gegensatz von 'gut' und 'böse'. Gut sind die Jedi-Ritter, asketische und weise Kämpfer, die "Wächter des Friedens und der Gerechtigkeit", wie es im Film heißt. Sie verfügen über besondere, fast magische Kräfte, die sie ihrem Kontakt zur "Macht" verdanken, die immer dann in ihnen und durch sie wirken kann, wenn sie ihr Denken ausschalten und sich auf ihre Gefühle und auf den gegenwärtigen Moment konzentrieren: "Sei dir der lebendigen Macht bewußt." Und als ein Segenswunsch: "Möge die Macht mit dir sein." Böse sind zwei rachedürstende, machtgierige Gestalten, ein Meister und sein Schüler, die sich der "dunklen Seite der Macht" ergeben haben. Diese dunkle Seite ist für jeden, der mit der Macht zu tun hat, eine Bedrohung, die auftritt, sobald Angst gefühlt wird. "Furcht ist", so sagt ein Jedi, "der Pfad zur dunklen Seite der Macht." Diese Furcht führe zu Wut und Haß und bringe großes Leid. Der Zugang zur Macht ist prinzipiell jedem Menschen möglich; er wird durch Mikroorganismen hergestellt, die in den menschlichen Zellen leben, und wer seine eigenen Gedanken zum Schweigen bringe, könne durch sie die

Macht hören. Im Zentrum des Films steht ein kleiner Junge, Anakin, bei dem die Jedis eine besondere Nähe zur Macht, aber zugleich die Bedrohung durch die dunkle Seite wahrnehmen. Sie zögern deswegen zunächst, ihn zu einem der ihren auszubilden - zu Recht, wie sich in den weiteren Filmen zeigt. Doch sein Fürsprecher besteht darauf, daß er der Auserwählte sei. "Es war der Wille der Macht, ihn zu finden. Nichts geschieht zufällig." Seine Mutter, die ebenfalls seine Bestimmung darin sieht, ein Jedi zu werden und denen Hoffnung zu geben, die keine mehr hatten, teilt auf die Frage nach dem Vater mit, daß es einen solchen nicht gebe - offenbar ein weiterer Fall von Jungfrauengeburt. Anakin, der sich seiner Besonderheit bewußt ist, wird angewiesen, genau zu beobachten. "Du darfst niemals vergessen: Deine Wahrnehmung bestimmt deine Realität." Außerdem solle er auf seine Instinkte hören, dann werde die Macht ihn lenken. Im ersten Teil der Star-Wars-Trilogie, Jahre später spielend, ist er zum Diener des Feindes geworden und tötet seinen Lehrer, der jedoch, wie alle gestorbenen Jedi, als geisterhaftes Lichtwesen weiterhin die Handlung begleitet.

Die Sichtung der Filme zeigt, das werden Sie bemerkt haben, einige offenbar verbreitete und durchaus folgenreiche Überzeugungen:

Das Individuum, der einzelne Mensch steht im Mittelpunkt. Sein Leben endet nicht mit dem Tod, die Verstorbenen sind durch das Weiterleben ihrer Seelen in einer anderen Existenzform weiterhin da, ob in ihrem irdischen Leib, ob verwandelt und verjüngt oder als Geistwesen. Wiedergeburt scheint häufig möglich, die christliche Hoffnung für die menschliche Gemeinschaft, die Hoffnung auf ein Reich Gottes spielt keine Rolle. Das gelebte Leben, der dabei an den Tag gelegte Charakter, die Taten sind für die jenseitige Existenz das einzig Entscheidende: Das Geschick der Verstorbenen hängt unmittelbar mit ihrer Lebensführung zusammen. Gute, integre Menschen wie Bill Parrish, wie Chris, wie die Jedis haben nichts zu fürchten; angstvolle Menschen wie Daniel sollen sich durch ein weiteres Leben arbeiten; Verräter und lieblose Väter, aber auch Selbstmörder, finden sich an dunklen Orten wieder. Ungesühnte Schuld bleibt nicht ohne Folgen. Entscheidend sind Taten und die grundsätzliche Einstellung zum Leben, vor allem in Hinblick auf die Frage der Angst und der Liebe; der Glaube ist nicht von Bedeutung, weder der Glaube an einen Gott noch der an ein weiteres Leben.

Auch wer nicht glaubt, kann sich im Himmel wiederfinden. Einen Richter, der die Menschen nach seinen eigenen Kriterien beurteilte, der für alle Gerechtigkeit herstellte, Schuld vergäbe und Gnade schenkte, gibt es nicht.

Damit fehlt die biblische Dimension der Hoffnung für die Welt, die Hoffnung auf eine Gerechtigkeit, die mehr umfaßte als die Belohnung des einzelnen Individuums oder dessen Bestrafung nach den Kriterien einer verabsolutierten bürgerlichen Moral. An die Stelle Gottes ist der individuelle amerikanische Bürger getreten, losgelöst aus seinem von Gott gestifteten Zusammenhang mit der Gemeinschaft, dem Volk Gottes.

Nachdem die Menschen nun entsprechend ihrer Lebensführung im Himmel oder in der Hölle angekommen sind, liegt die Ausgestaltung ihres jenseitigen Lebens häufig in ihrer eigenen Macht, in der Kraft ihrer Phantasie. Allerdings wird diese Ausgestaltung oft von Erinnerungen an irdische Bindungen oder irdisches Versagen beeinflußt. Generell ist dieses Jenseits kein Ort der Ruhe, der Kontemplation oder des Gotteslobes: Menschliche Aktivität, das Miteinander und vor allem das Wiedersehen bestimmen das Leben im Jenseits, in das meist ein zuvor Verstorbener als eine Art Deuteengel einweist. Häufig ist von einer Weiterentwicklung die Rede, von einem Gut-Machen, vom Ausgleichen von Defiziten, wobei die Verstorbenen einander beistehen können; Liebe überwindet hier sogar die Grenzen zwischen Tod und Leben oder Himmel und Hölle.

Gott spielt keine größere Rolle; wenn er überhaupt erwähnt wird, ist er liebend und gut irgendwo 'da oben', doch er greift nicht ein. Allenfalls dient er als Garant der Jenseitswelt, doch er richtet nicht, tötet nicht und macht nicht lebendig, erweist keine Gnade und wird auch nicht gesucht. Der Mensch gibt ihm nichts und bekommt nichts von ihm, erkennt ihn nicht und wird nicht von ihm erkannt. Das Jenseits, das das Individuum nach seinem Tod erwartet, ist hier zum einen eine naturgegebene Selbstverständlichkeit, die eben zum Leben bzw. zum Tod gehört und die jeden erwartet, zum anderen ist es Menschensache, von Menschen gestaltet, nach menschlichen Taten zugeteilt, von menschlichen Wünschen, z.B. dem nach der ewigen Dauer romantischer Liebe und dem nach der Freiheit von aller Angst, und von menschlichen Bindungen bestimmt.

Die eschatologischen Themen sind, daß hat dieser Überblick, denke ich, deutlich gezeigt, in die Kulturerzeugnisse eingewandert, doch wurden sie dabei stark modifiziert, vor allem im Hinblick auf die Bedeutung Gottes. Offenbar stoßen sie mit dieser modifizierten Botschaft auf eine ausgeprägte Bedürfnislage unter den Zeitgenossen. Denn diese Filme 'wirken', ihre Botschaft beeinflußt das Denken. So formuliert z.b. die elfjährige Tochter einer Freundin, nicht im engeren Sinne kirchlich sozialisiert, aber eine Anhängerin der Star-Wars-Filme, besonders der 'Episode 1', ihre religiösen Überzeugungen ganz selbständig bestürzend übereinstimmend mit der eben gegebenen Zusammenfassung. Sie weiß allerdings nicht, daß ihre Vorstellungen sich u.a. diesen Filmen verdanken. Das ist, genauer betrachtet, nicht überraschend. Die Botschaft der Filme liegt zwar, unter Hinweis auf bestimmte Dialogpassagen und zusammenhängend dargestellt, klar zutage, erschließt sich allerdings - infolge von z.B. Spannung und Bildwirkung - nicht zwingend beim Ansehen im Kino. Dafür wirkt sie desto sicherer. Wer überzeugt ist, zu den Jedis zu gehören, ist auf der Seite der 'Guten' und muß sich über die weitere Existenz, auch jenseits des Todes, keine Gedanken mehr machen.

Zu den Erfolgen der 'eschatologischen' Filme gibt es verschiedene Theorien. Der Theologe Christian Wessely, der die Star-Wars-Trilogie in seiner Dissertation untersucht hat, sieht die Ursache des Erfolges darin, daß den Filmen ein uralter Entwurf zugrundeliegt, der des Mythos. Diese Struktur bewirke bei den Zuschauenden eine Art archaischer Spannung, Einverständnis mit der Handlung, in gewissem Sinn sogar Glauben[8].

Der Philosoph Vilém Flusser führt den Erfolg der Filme eher darauf zurück, daß Menschen grundsätzlich mit dem Vorsatz ins Kino gehen, um betrogen zu werden: "Dieser allgemeine Wille zum Selbstbetrug ist das Gegenteil von Glauben. Die Kinobesucher glauben nicht an die Schatten, wie etwa die Malayen ans Schattentheater glauben. Sie wissen es 'besser'. Sie leben nicht magisch, sie leben pseudomagisch. Sie wollen wider besseres Wissen glauben."[9] Diese Sicht ist

---

[8] Vgl. Christian Wessely, Von Star Wars, Ultima und Doom. Mythologisch verschleierte Gewaltmechanismen im kommerziellen Film und in Computerrollenspielen (Europäische Hochschulschriften Reihe XXIII Bd. 612), Frankfurt/M. u.a. 1997, 91.

[9] Vilém Flusser, Nachgeschichte. Eine korrigierte Geschichtsschreibung, Frankfurt/M. 1997, 53; im Widerspruch dazu a.a.O., 79: "Die gegenwärtige Gegenrevolution der technischen Bilder führt zurück ins magische Bewußtsein."

einerseits unabweisbar zutreffend - wohl niemand verwechselt einen Kinofilm mit der Realität. Dennoch denke ich, daß die Inhalte der Filme die Realitätssicht sehr wohl beeinflussen, weil die filmischen Erzählungen "im Sinne von inneren Bildern in den ZuschauerInnen langfristig wirksam werden", so formuliert es der Theologe Hans-Martin Gutmann[10], und vor allem, weil die Zuschauerinnen und Zuschauer diese Wirkung wollen, weil sie sich nach einer Welt wie der hier vorgeführten sehnen, in der "alles gut" wird.

Die Wirksamkeit der Filme oder Geschichten mit apokalyptischem oder individualeschatologischem Inhalt ist aller Wahrscheinlichkeit nach eben darauf zurückzuführen, daß sie die angsteinflößende, immer schwerer mit Sinn zu erfüllende Wirklichkeit einerseits realistisch darstellen und ihr andererseits eine plausible und hilfreiche Erzählung von Rettung des Lebens oder Bewahrung durch den Tod hindurch entgegensetzen, die einen nicht unerheblichen Teil ihrer Überzeugungskraft daraus gewinnt, daß sie sich biblischer Bilder und Strukturen bedient[11]. Wie sagt der Kabarettist Gerhard Polt in einem seiner Programme: "Warum schauen sich junge Leute heute Horror-Videos an? [...] Weil diese Predigten heute in der Kirche so lahmarschig sind, daß nichts mehr los ist."[12]

Die Bedürfnisse, ja die Sehnsucht, auf die die Filme antworten, ist deutlich, und es ist gut und notwendig - zumal für Theologinnen und Theologen - sich ihrer bewußt zu sein. Eine generelle Zurückweisung aller Popularkultur, wie sie der Theologe Reiner Preul formuliert, scheint mir nicht sinnvoll. Er kritisiert, daß religiöse Sprache in Produkten der Popularkultur unauthentisch und unverbindlich verwendet werde. Das Ergebnis sei trivial oder moralisiere oder es benutze religiöse Motive instrumentalisiert für sachfremde Interessen[13]. Diese Kritik trifft zu, doch sollte sie nicht den Blick verstellen für die in den Filmen, Büchern, Musikstücken und Kunstwerken jedenfalls zum Ausdruck kommende Suche. Und die

---

[10]   Hans-Martin Gutmann, Der Herr der Heerscharen, die Prinzessin der Herzen und der König der Löwen. Religion lehren zwischen Kirche, Schule und populärer Kultur, Gütersloh 1998, 70.
[11]   Dies gilt m.E. ungeachtet der These vom Zerfall der großen Erzählungen in der Postmoderne.
[12]   Zitat aus der Schmährede zur Fa. Isermayr und dem Leasing-Vertrag, in: Hüsch&Co. vom 25.4.94.
[13]   Vgl. Reiner Preul, Kirchentheorie. Wesen, Gestalt und Funktionen der Evangelischen Kirche, Berlin/New York 1997, 296.

Unbefangenheit, mit der in Film und Buch Antworten in ausgeführten Erzählungen gegeben und gehört werden, ist durchaus ermutigend.

Ob allerdings die Suche nach einer tragfähigen Hoffnung in den genannten Filmen zum Ziel kommt, ist eine andere Frage. Zum einen gibt es die Möglichkeit des Mißbrauchs, zum anderen fehlt nach meinem Eindruck etwas Entscheidendes. Was die Gefahren des Mißbrauchs angeht, sind sie hier ebenso gegeben wie bei der Deutung und Auslegung der biblischen eschatologischen Texte, die ja zur Vertröstung, als Mittel der Flucht vor der Wirklichkeit oder auch als Mittel zur Beherrschung - so im Fall der Höllendrohung - eingesetzt worden sind. Doch es können eben auch säkulare Eschatologien in dieser Weise eskapistisch oder totalitaristisch gewendet werden. Diese Gefahr scheint mir um so mehr gegeben, als es in allen genannten filmischen Beispielen letztlich der Mensch ist, der über Gestalt und Qualität seiner Existenz bzw. über deren Tatsache bestimmt, also über das Jenseits herrscht.

Damit ist schon angedeutet, was diesen Jenseitswelten meiner Überzeugung nach fehlt, und warum sie keine tragfähige Antwort auf die Frage nach einer Hoffnung gegen alle Angst und gegen alle Enttäuschung bereitstellen. Mit einem Wort: Gott.

Menschliche Gerechtigkeit ist oft zum Verzweifeln ungerecht; menschliche Gnade ist oft zum Verzweifeln unbarmherzig; menschliche Weisheit ist eigentlich immer zum Verzweifeln begrenzt. Ein von Menschen geschaffenes, nach menschlicher Moral eingerichtetes und - durchaus diesseitige - menschliche Wünsche erfüllendes Jenseits könnte leicht die Qualität eines gnadenlosen Alptraums bekommen. In allen Filmen deutet sich so etwas m.E. an.

Nach biblischer Auskunft ist die Hoffnung berechtigt, daß der lebendige Gott das Jenseits besser, heilvoller gestalten wird als es der einzelne tote amerikanische Bürger tun könnte, dessen frühere Versuche, in "God's own country" ein Paradies zu schaffen, stets eine große Zahl von Opfern produziert hat unter Menschen und Tieren. Der Himmel soll und wird nicht aussehen wie das Land der Indianer. Statt dessen kann und wird der Schöpfergott, der die Welt "sehr gut" geschaffen hat, an ihrem Ende das wirklich Neue und das wirklich Bessere herstellen, für jeden einzelnen und für die Gemeinschaft aller Menschen, für die ganze Erde. Die Gedanken an seine Liebe zu allen seinen Geschöpfen und an seine Gerechtigkeit können natürlich - angesichts unser aller Verstricktheit in strukturelle Sünde, angesichts des Zusammenhanges von Überfluß und Hunger, angesichts unserer Ohnmacht und Handlungsunfähigkeit gegenüber mörderischer Gewalt - Angst und Unbehagen auslösen. Andererseits: Was für ein Jenseits wäre es, daß nicht den Verhungerten, Gefolterten, Zerstörten Gerechtigkeit geschehen ließe, daß nicht ihre Würde und ihr Recht wiederherstellte? Vielleicht ein individualisiertes bürgerliches Paradies, nicht aber Gottes Himmel, die neue Erde unter einem neuen Himmel, in der wirkliche Versöhnung geschieht, in der - wie es im Jesajabuch heißt - die Sonne nicht mehr untergehen und der Mond nicht an Glanz verlieren wird, denn Gott wird ihr ewiges Licht sein und die Tage der Leiden sind zuende[14], die Menschen leben in Frieden und gerechter Gemeinschaft, Wolf und Schaf werden beieinander weiden, und der Löwe wird Stroh fressen wie das Rind[15]. Unsere Hoffnung auf Gottes Ewigkeit sollte nicht kleiner sein als diese Verheißung.

---

[14] Jes 60,20.
[15] Jes 65,25.

Friedhelm Döhl

"Requiem 2000 (Atemwende)"[1]

I STERNVERDUNKELUNG

1 GRADUALE (Introitus)
Requiem aeternam dona.
Lux luceat.

2 TUBA MIRUM

3 NACHT (Gebet)
Nacht, tötend, gebärend,
nimm mich in dein Dunkel, Himmel,
nimm mich in dein Dunkel, Erde,
Meer, o nimm mich in dein Dunkel,
Amen, A-

4 OFFERTORIUM

5 TENEBRAE (Gebet)
Nah sind wir, Herr,
nahe und greifbar.

Gegriffen schon, Herr,
ineinander verkrallt, als wär
der Leib eines jeden von uns
dein Leib, Herr.

Bete, Herr,
bete zu uns,
wir sind nah.

Windschief gingen wir hin,
gingen wir hin, uns zu bücken
nach Mulde und Maar.

Zur Tränke gingen wir, Herr.

Es war Blut, es war,
was du vergossen, Herr.

Es glänzte.

Es warf uns dein Bild in die Augen, Herr.
Augen und Mund stehn so offen und leer, Herr.

---

[1] Textcollage: Bibel, Missale, Bach, Trakl, Celan, Nelly Sachs, Jeanette Lander.

Wir haben getrunken, Herr.
Das Blut und das Bild, das im Blut war, Herr.
Bete, Herr.
Wir sind nah.

(Celan)

6 REVELGE / DIES IRAE

Dies irae, dies illa / Solvet saeclum in favilla: / Teste David cum Sibylla.
Quantus tremor est futurus, / Quando judex est venturus, / Cuncta stricte discussurus. -
Mors stupebit et natura, / Cum resurget creatura, / Judicanti responsura. -
Rex tremendae majestatis, / Qui salvandos salvas gratis, / Salva me, fons pietatis. -
Qui Mariam absolvisti, / Et latronem exaudisti, / Mihi quoque spem dedisti. -
Lacrimosa dies illa, -
Voca me!

7 STILLE

... wenn mir am allerbängsten ...

II ATEMWENDE

8 DE PROFUNDIS

9 SCHNEEPART

Die nachzustotternde Welt,
bei der ich zu Gast
gewesen sein werde, ein Name,
herabgeschwitzt von der Mauer,
an der die Wunde hochleckt.

(Celan)

10 WENN I

Wenn die Propheten einbrächen
durch die Türen der Nacht
und ein Ohr wie eine Heimat suchten, -
Ohr der Menschheit,
würdest du hören?

Wenn die Propheten einbrächen
durch Türen der Nacht,
die Sternenstraßen in ihren Handflächen
golden aufleuchten lassend -

11 WENN II

Wenn die Propheten einbrächen
durch Türen der Nacht

mit ihren Worten Wunden reißend
in die Felder der Gewohnheit -

12 WENN III

Ohr der Menschheit
du mit dem kleinen Lauschen beschäftigtes,
würdest du hören?

Wenn die Propheten aufständen
in der Nacht -
den Tierkreis der Dämonengötter
wie einen schauerlichen Blumenkranz
ums Haupt gewunden -
die Geheimnisse der stürzenden und sich hebenden
Himmel mit den Schultern wiegend -

13 REVELGE / WENN IV

Ohr der Menschheit
du verwachsenes,
würdest du hören?

Wenn die Stimme der Propheten
auf dem Flötengebein der ermordeten Kinder
blasen würde -

Wenn die Propheten
mit den Sturmschwingen der Ewigkeit hineinführen
wenn sie aufbrächen dein Gehör mit den Worten:
Wer von euch will Krieg führen gegen ein Geheimnis
wer will den Sterntod erfinden?

Nacht der Menschheit
würdest du ein Herz zu vergeben haben?

(Nelly Sachs)

14 PSALM

Wir,
die wir unsere Klagemauer
auf dem Rücken trugen
wie unser Zelt
durch die Wüsten der Feinde.

Wir,
die wir unsren Bitterteig
zu Brot buken
auf Fels
in den Wüsten der Fremden.

Wir,
die wir das Land,
wo Milch und Honig fließt,
Canaan,
ersehntes,
nicht sehn, da wir Suchende sind,
die wir unser Zelttuch
um den Kopf schlugen,
Mördersturmwelt,
in deinen Wüsten harren.

(Jeanette Lander)

****

15 EPILOG

Und ich sah einen neuen Himmel
und eine neue Erde.
Denn der erste Himmel und die erste Erde verging
und das Meer ist nicht mehr ...
Und der Tod wird nicht mehr sein ...

(Offenbarung)

Anfang 1998 fragte mich Hans Darmstadt, ob ich für Sankt Martin Kassel eine Komposition schreiben wolle, zu den Kasseler Tagen "Neue Musik in der Kirche" 2000.

Die Anfrage traf mich in einem besonderen Moment. Ich beendete gerade meine "Symphonie für großes Orchester", die ich als mein letztes, zusammenfassendes Orchesterwerk verstand, Rückblick und Summe. Bekenntnis zum Bisher, Frage: Was dann? - Ich sagte zu.

Es entstand spontan die Vorstellung eines 'Requiems' aus unserer (meiner) heutigen Perspektive: Jahrtausendwende - Zeitenwende? - In Verbindung mit dem permanenten Dialog von Leben und Tod.

Ich reflektierte meine - diesen Dialog beinhaltenden - bisherigen Kompositionen: "Auf schmalem Grat" / Requiem für 6 Stimmen (nach "Himmelnähe" von C.F. Meyer), "Conductus" für 4 Schlagzeuger "Tombeau / Metamorphose" für großes Orchester, "Winterreise" / Streichquintett (nach Schubert und Trakl) u.a.

118

Erste Formidee - ein vierteiliges Requiem: Introitus - Kyrie - Dies irae - Lux aeterna.

- Dann weitere Ideen - Gedanken - Fragen. Welchen Sinn machen der überlieferte lateinische Requiem-Text in seinen verschiedenen Varianten? Was und wie kann ein Requiem heute sein? Für mich: kein abschließendes "Ruhe sanft", es sei denn als 'Prinzip Hoffnung'. Aber auch kein "Dies irae" als drohender Zeigefinger über den Kulissen: Der lateinische Text - schon seit alters als quasi mechanische 'Sequenz' angelegt - dreht bei mir vollends leer als (kanonisierte) Gebetsmühle im Sprechchor.

'Requiem' ist auch Auseinandersetzung mit der menschlichen Existenz, ausgesetzt "auf schmalem Grat", auch Auseinandersetzung mit der (vom Menschen angemaßten) "Apocalypse now". - Den ersten Ideen folgte Zweifel. Zweifel, ob ..., Zweifel, wie..., Zweifel an Sinn und Form ...

Aus langer "Zweifelarbeit" wuchs schließlich die Konzeption eines Zyklus in 2 Abteilungen, mit jeweils 7 Sätzen:

REQUIEM 2000 (ATEMWENDE)
für Chor / Doppelchor, Soli, Orgel, Posaunen, Trompeten, Flöte, Schlagzeug
(Text: Collage aus Bibel, Missale, Bach, Trakl, Celan, Nelly Sachs, Jeanette Lander)
I STERNVERDUNKELUNG
1 Graduale (Introitus): Doppelchor, Posaunen
2 Tuba mirum: Schlagzeug, Posaunen, Frauenstimme
3 Nacht (Gebet): Frauenstimme, Frauenchor, Flöte, Orgel
4 Offertorium: Orgel
5 Tenebrae (Gebet): Bariton, Orgel
6 Revelge / Dies irae: Sprechchor, Rührtrommeln
7 Stille: Chor, Orgel, große Trommel
II ATEMWENDE
8 De profundis: Orgel
9 Schneepart: Bariton, Orgel, kleine Trommel
10 Wenn I: Doppelchor, Orgel, Posaunen, Trompeten, Flöte
11 Wenn II: Sprechchor/Doppelchor, Schlagzeug
12 Wenn III: Doppelchor, Orgel, Posaunen, Trompeten
13 Revelge / Wenn IV: Bariton, Chor, Orgel, Pos., Tromp., Piccolo, Schlagzeug
14 Psalm: Bariton, Chor, Orgel, Pos., Tromp., Piccolo, gr.Trommel
15 Epilog: Frauenstimme, Orgel

Vom lateinischen Requiem blieben nur Ruinen:

Im Teil I:

- "Graduale" zu Beginn, als "lux aeterna"-Erinnerung,
- "Tuba mirum" ohne Text (in dem der Akzent für mich auf "mirum sonum" liegt) für Schlagzeug und Posaunen, mit einer abschließenden Vokalise für Frauenstimme,
- "Offertorium" ohne Text für Orgel, mit der immanenten Choralzeile "Wenn mir am allerbängsten" aus Bachs Matthäus-Passion,
- "Dies irae", leerlaufend im Sprechchor-Kanon.

Im Teil II ist das lateinische Requiem nur noch subkutan ahnbar:

- im "De profundis" zu Beginn, einem transformierten "Kyrie", ohne Text für Orgel,
- im (dem Teil II nachgestellten) quasi posthumen "Epilog", mit der Sicht "auf einen neuen Himmel und eine neue Erde", die man als (luther-deutsche) Variante zum "Lux aeterna" verstehen kann.

Nach "De profundis" folgt im Teil II eine "Atemwende":

- von Celans "Schneepart"-Gedicht, Tief- und Wendepunkt des Requiems ("... ein Name, / herabgeschwitzt von der Mauer, / an der die Wunde hochleckt"),
- über die alttestamentarischen Visionen der Nelly Sachs ("Wenn die Propheten einbrächen / durch die Türen der Nacht"), gesteigert in der Chor-Staffel "Wenn I - IV",
- bis hin zum traurig-trotzigen "Psalm" jüdischer Wanderschaft, nach einem Text von Jeanette Lander ("Wir, / die wir unsere Klagemauer / auf dem Rücken trugen..."), eine andere Art Schluß-'Choral'.

Teil I und II - je 7-teilig - können als (dramaturgisch aufeinander bezogener) Gegensatz verstanden werden:

- Teil I ("Sternverdunkelung") als ein Decresdendo von Licht und Hoffnung zu Finsternis und Angst: "Lux" (Graduale) ... "Nacht" ... "Tenebrae" ... "Stille".
- Teil II ("Atemwende") als ein Crescendo von Verzweiflung zu Aufruf und Trotz, von "De profundis" und hochleckender "Wunde" (Schneepart) über die

Chor-Staffel "Wenn I-IV" zum Psalm-Aufschrei: "Mördersturmwelt, / in deinen Wüsten harren".

Die 'Holocaust'-geprägte Textwelt von Paul Celan und Nelly Sachs war für mich eine unerläßliche Gegenwelt zur lateinisch-christlichen Tradition des Requiems. Nelly Sachs' "Sternverdunkelung" beschäftigte mich schon in den 60ger Jahren, doch konnte ich sie damals - in gedanklicher Nacharbeit unserer schlimmen Geschichte - nicht zu Klang und musikalischer Form bringen. Dann kam die Begegnung mit Celan: das Gedicht "am Rande seiner selbst", zwischen einem "Schon-nicht-mehr" und einem "Immer-noch". Nelly Sachs und Paul Celan: einander zugetan. Ergriffen hat mich ihr Briefwechsel als Zeugnis ihrer 'ausgesetzten' Nachkriegssituation - und ihrer Frage nach Gott. Scheinbar auf verschiedenen Seiten des "Randes ihrer selbst".

Celan nach der ersten persönlichen Begegnung mit Nelly Sachs in Zürich:

"... Von deinem Gott war die Rede, ich sprach / gegen ihn, ich / ließ das Herz, das ich hatte, / hoffen: auf / sein höchstes, umröcheltes, sein / haderndes Wort - // Dein Aug sah mir zu, sah hinweg, / dein Mund / sprach sich dem Auge zu, ich hörte: // 'Wir / wissen ja nicht, weißt du, / wir / wissen ja nicht, / was / gilt ...' "

Celan pervertiert in "Tenebrae" die vertraute Gebets-Situation: "Bete, Herr, / bete zu uns, / Wir sind nah". Für mich eine verzweifelte Variante zu Jakobs "Ich lasse dich nicht, du segnest mich denn". Dagegen die scheinbar umgekehrte Richtung von Nelly Sachs:

"Wenn die Propheten einbrächen / durch die Türen der Nacht / und ein Ohr wie eine Heimat suchten, - / Ohr der Menschheit, / würdest du hören?"

Nur mit diesen Fragen / diesem Fragen konnte ich das Requiem denken und versuchen, es musikalisch zu gestalten. "Requiem 2000": Der Untertitel "Atemwende" ist auch der Titel eines Gedichtzyklus von Celan. Er drückt vielleicht am besten den ästhetischen / existenziellen Standort meines Requiems aus. Den Begriff "Atemwende" beschreibt Celan in seiner Rede zur Verleihung des Büchner-Preises: Es gibt Situationen und Wörter, die einem "den Atem verschlagen". Büchners Lenz ("... nur war es ihm manchmal unangenehm, daß er nicht auf dem Kopf gehen konnte") moduliert Celan zu: "... wer auf dem Kopf geht, der hat den Himmel als Abgrund unter sich".

"Atemwende" ist zugleich die Schwelle zwischen Einatmen und Ausatmen.

Die Komposition benutzt

- verschiedene harmonische Möglichkeiten: Kirchentonales, Chromatisch-Dodeka-
phones, Mixtur und Geräusch, Post-Atonales …,
- verschiedene Formprinzipien: von freier Fantasie ("Tuba mirum", "Offertorium", "De profundis") zu strenger Kanonik ("Graduale", "Dies irae", "Wenn
I"), von Rezitativischem ("Tenebrae", "Schneepart") zu Liedhaftem ("Nacht",
"Psalm", "Epilog") und Dramatischem ("Wenn II-IV") u.a.

Die Teile und Sätze sind motivisch und zyklisch vieldeutig aufeinander bezogen.

Wie der Text zwischen den Zeiten steht, so die Komposition im Zwischen-Raum,
sie erklingt von verschiedenen Seiten, es gibt keine Richtungspriorität.

Der Chor singt in verschiedenen Funktionen: als Doppelchor, gemischter Chor,
Frauenchor, Sprechchor, - monodisch, homophon, polyphon, - Chor als mehrge-
staltige 'Stimme'. Hinzu kommen die Soli - Alt/Mezzo und Bariton - als zwei
weitere Farben menschlichen Ausdrucks. Den Chor- und Solo-Gesang interpolie-
ren oder begleiten einerseits Orgel, andererseits Schlagzeug und Bläser (Posaunen, Trompeten, Flöte).

Der Auftrag von Sankt Martin Kassel hat mich angeregt, über das 'Requiem' neu
nachzudenken und dann schließlich eines - meines - zu schreiben.

Die Komposition ist Hans Darmstadt und Sankt Martin Kassel gewidmet.[2]

---

[2]   Die Uraufführung wurde vom Hessischen Rundfunk Frankfurt/M. mitgeschnitten und live ge-
sendet (Anm. der Hg.).

Reinhard Karger

"Komm, o Tod, du Schlafes Bruder"[1]

> Komm, o Tod, du Schlafes Bruder,
> Komm und führe mich nur fort.
> Löse meines Schiffleins Ruder,
> Bringe mich in sichern Port.

Diese Halbstropfe aus dem Lied "O du schönes Weltgebäude" von Johann Franck (1618-1677) sowie die zugehörige Choralvertonung von Johann Sebastin Bach bilden den inhaltlichen und strukturellen Ausgangspunkt für meine Komposition.

---

[1]   Für 8stimmigen gemischten Chor. Auftragskomposition für das Vocalensemble Kassel. Die Uraufführung wurde vom Hessischen Rundfunk mitgeschnitten (Anm. der Hg.).

Wie ein Pilzsucher bewege ich mich langsam und geduldig in den Klangland-
schaften des 4stimmigen Bach-Satzes und des Textes und entdecke von Zeit zu
Zeit kleine Strukturen, die dem nur auf das Ganze gerichteten Blick verborgen
bleiben, ich "pflücke" sie und lasse mich von ihnen zu einer neuen musikalischen
Formulierung des Themas "Tod" führen.
Folgende Bilder und Strukturen tragen dann zur endgültigen Formung bei:
- der unauflösliche Gegensatz von Erlösungssehnsucht und Todesschrecken;
- der Verbrennungsvorgang: eine klar definierte Einheit unserer Lebenswirklich-
keit (ein Stück Holz, eine Kerze, ein Mensch) wird zerlegt, die beiden Endpro-
dukte gehören ganz verschiedenen Welten an - ein körperlicher Rest, der Erde
zugehörig und eine körperlose Substanz, je nach Standpunkt des Betrachters
Rauch, Wesen oder Seele genannt, dem Reich der Luft und des Himmels assozi-
iert;
- die "Beinhausmusik": die diebische Freude der aus den Gräbern hervorgestiege-
nen Skelette auf mittelalterlichen Totentanzdarstellungen an der Hervorbringung
unbotmäßiger Töne und Geräusche;

(Fortsetzung Notenbeispiel:)

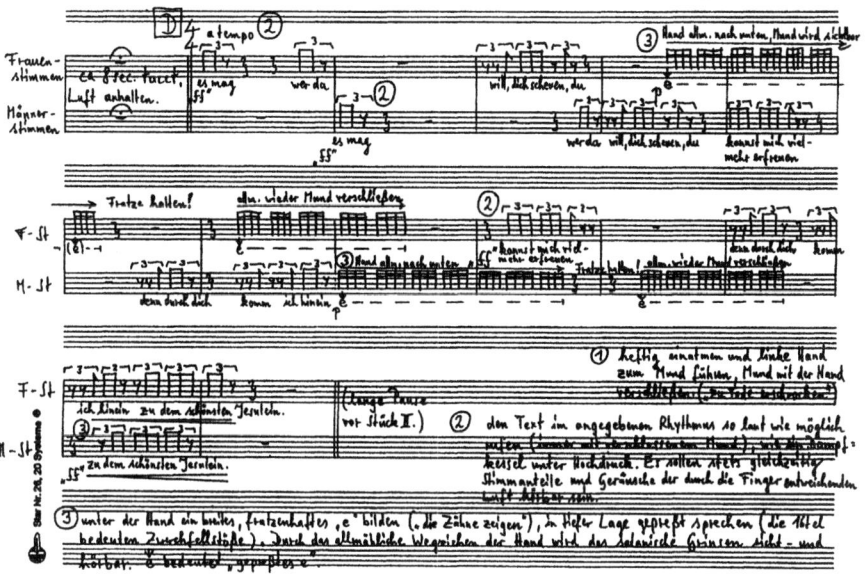

- der Tod als mathematisches Problem: Ein Gebiet der neueren Mathematik ist die fraktale Geometrie, wo unter anderem untersucht wird, wie sich Strukturen verhalten, wenn sie sehr oft nach immer der gleichen Regel abgebildet werden. Das Faszinierende ist, daß man, auch wenn eine eindeutige Ausgangsstruktur und eine klar festgelegte Abbildungsregel vorliegt, nicht voraussagen kann, wie sich die Struktur verhalten wird. Manche Strukturen wuchern und vergrößern sich anscheinend unkontrollierbar, andere sterben einfach aus. Ein wesentlicher Grundsatz der traditionellen Mathematik, die kausale Vorhersagbarkeit, wird also außer Kraft gesetzt, die einzige Möglichkeit, Gewißheit zu bekommen, ist, es auszuprobieren. So schleichen sich durch die Hintertür der Zufall und die Ungewißheit sogar wieder in ein scheinbar so klares, gläsernes Gebäude wie das der Mathematik. Neben diesem grundsätzlich interessanten Aspekt ist für meine Komposition vor allem das Phänomen der erwähnten "aussterbenden Strukturen" von Bedeutung.

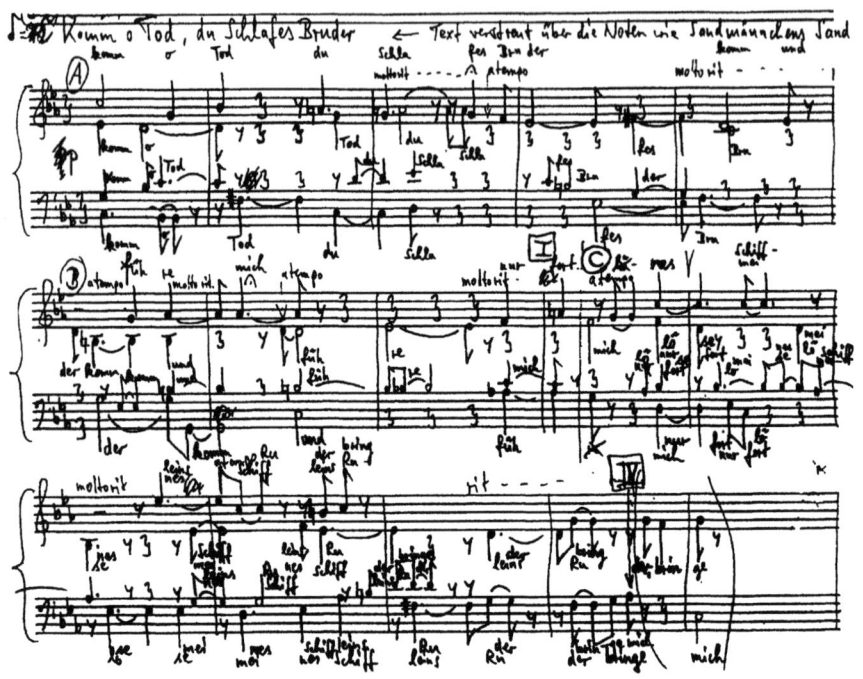

Liturgie des Eröffnungsgottesdienstes

Glocken

Lied: 124 (Nun bitten wir den Heiligen Geist)
Musik: Vorspiel- und Begleitsatz-Studie aus *Blankeneser Orgelheft II* von Hans Darmstadt (1975)

Eingangsvotum:
Der Friede unseres Herrn Jesus Christus sei mit euch allen.

Willkommen zum Eröffnungsgottesdienst der Tage für "neue musik in der kirche"; willkommen in St. Martin.
Unter der Überschrift "Himmel, Hölle, Tod und Teufel" werden ab heute bis zum Sonntag, Konzerte, theologische Diskussionsforen, eine Filmnacht, Andachten und Gottesdienste stehen – jeweils mit unterschiedlichen Akzenten.
In diesem Eröffnungsgottesdienst wird es in besonderer Weise um den Teufel gehen. Musikalisch und theologisch steht hier der Bericht von der Versuchung Jesu durch den Teufel im Mittelpunkt.
Eine Entdeckungsreise beginnt, die mindestens noch drei Tage andauern soll.
Machen wir uns also auf den Weg und erkunden Teufel, Tod, Hölle und Himmel und vielleicht auch noch anderes mehr.
Gott gebe uns seinen Segen dazu.

Lied: EG 341,1-4 (Nun freut euch, lieben Christeng'mein)
Musik: Choralvorspiel von Matthias Weckmann (um 1650)

Psalm 91,1-12
Wer unter dem Schirm des Höchsten sitzt
und unter dem Schatten des Allmächtigen bleibt,
　　der spricht zu dem Herrn: Meine Zuversicht und meine Burg,
　　mein Gott, auf den ich hoffe.
Denn er errettet dich vom Strick des Jägers
und von der verderblichen Pest.

Er wird dich mit seinen Fittischen decken,
und Zuflucht wirst du haben unter seinen Flügeln.
Seine Wahrheit ist Schirm und Schild,
daß du nicht erschrecken mußt vor dem Grauen der Nacht,
vor den Pfeilen, die des Tages fliegen,
vor der Pest, die im Finstern schleicht,
vor der Seuche, die am Mittag Verderben bringt.
Wenn auch tausend fallen zu deiner Seite
und zehntausend zu deiner Rechten, so wird es doch dich nicht treffen.
Ja, du wirst es mit eigenen Augen sehen
und schauen, wie den Gottlosen vergolten wird.
Denn der Herr ist deine Zuversicht,
der Höchste ist deine Zuflucht.
Es wird dir kein Übel begegnen,
und keine Plage wird sich deinem Hause nahen.
Denn er hat seinen Engeln befohlen,
daß sie dich behüten auf allen deinen Wegen,
daß sie dich auf den Händen tragen
und du deinen Fuß nicht an einen Stein stoßest.
Gloria patri

Gebet:
Herr, unser Gott, du hast deinen Engeln befohlen,
daß sie uns behüten auf allen unseren Wegen.
Wir bitten dich:
Laß uns darauf vertrauen, damit wir dem Bösen widerstehen können
und in Gefahren bewahrt bleiben.
Durch unseren Herrn Jesus Christus, der mit dir und dem Heiligen Geist lebt und
regiert von Ewigkeit zu Ewigkeit.

Lesung und Musik: Die Versuchung Jesu (Lk 4,1-13) und 'Ante Portas' - Fünf
Meditationen für Violoncello und Orgel von Hans Darmstadt (1978)
Jesus aber, voll heiligen Geistes, kam zurück vom Jordan und wurde vom Geist in
die Wüste geführt und vierzig Tage lang von dem Teufel versucht. Und er aß nichts

in diesen Tagen, und als sie ein Ende hatten, hungerte ihn.

Meditation 1: Ausgesetztsein, Bedrohung, Erschrecken

Der Teufel aber sprach zu ihm: Bist du Gottes sohn, so sprich zu diesem Stein, daß er Brot werde. Und Jesus antwortete ihm: Es steht geschrieben: 'Der Mensch lebt nicht allein vom Brot.'

Meditation 2: Konflikt, Auseinandersetzung, Widerspruch

Und der Teufel führte ihn hoch hinauf und zeigte ihm alle Reiche der Welt in einem Augenblick und sprach zu Ihm: Alle diese Macht will ich dir geben und ihre Herrlichkeit; denn sie ist mir übergeben, und ich gebe sie, wem ich will. Wenn du mich nun anbetest, so soll sie ganz dein sein. Jesus antwortete ihm und sprach: Es steht geschrieben: 'Du sollst den Herrn, deinen Gott, anbeten und ihm allein dienen.'

Meditation 3: Faszination, Versuchung, Illusion

Und er führte ihn nach Jerusalem und stellt ihn auf die Zinne des Tempels und sprach zu ihm: Bist du Gottes Sohn, so wirf dich von hier hinunter; denn es steht geschrieben: 'Er wird seinen Engeln deinetwegen befehlen, daß sie dich bewahren. Und sie werden dich auf den Händen tragen, damit du deinen Fuß nicht an einen Stein stößt.' Jesus antwortete und sprach zu ihm: Es ist gesagt: 'Du sollst den Herrn, deinen Gott, nicht versuchen.'

Meditation 4: Sehnsucht, Schmerz, Abgrenzung

Und als der Teufel alle Versuchungen vollende hatte, wich er von ihm eine Zeitlang.

Glaubensbekenntnis

Meditation 5: Stille, Klarheit, Integrität

Predigt

Lied: 341,5-7

Musik: Choral-Invention aus *Blankeneser Orgelheft I* von Hans Darmstadt (1973)

Fürbitten:

Herr unser Gott, himmlischer Vater,

durch deinen Geist gibst du uns Kraft und Stärke im Kampf gegen die Mächte der Finsternis.

Du behütest uns in Gefahr.

Wir trauen auf dich;
den Gewalten des Abgrunds und des Todes
wirst du keine Macht über uns geben.

Wir bitten dich:
Lenke unsere Herzen durch deinen Geist,
daß wir in aller Not und Anfechtung deines Schutzes gewiß sind
Erlöse uns aus diesem zeitlichen Leben
und·erfülle an uns deine Verheißung,
daß wir zum ewigen Leben gelangen
und, vereint mit den himmlischen Heerscharen,
in Kraft und Herrlichkeit vollenden,
was wir hier in Schwacheit beginnen:
zu singen das Lied des Sieges
und deine Herrlichkeit zu loben
und anzubeten in vollkommener Freude.

Wir beten in der Stille.
Vaterunser

Segen

Musik: Prélude aus der Suite IV Es-Dur BWV 1010
    für Violoncelle solo von Johann Sebastian Bach (um 1720)

Wille Temme

Predigt zu Lukas 4,1-13

Jesus aber, voll heiligen Geistes ... wurde vom Geist in die Wüste geführt und vom Teufel versucht. ... Und als der Teufel alle Versuchungen vollendet hatte, wich er von ihm eine Zeitlang. Und Jesus kam in der Kraft des Geistes wieder nach Galiläa. - So berichtet es der Evangelist Lukas.

Auch wir, liebe Gemeinde, müssen nun die Wüste wieder verlassen, die uns die Musik wie eine Fata Morgana vor Augen gemalt hat. Die Wüste mit ihren Gefahren und Schrecken, mit ihrer bedrohlichen Unwirtlichkeit und Todesnähe. Die Wüste aber auch mit ihrer Farbenpracht und Schönheit, mit ihrer unendlichen Weite und ihrer Verbundeheit mit dem Himmel.

Es war der heilige Geist – wir haben es gehört – der Jesus in die Wüste geführt hat, da, wo die Dämonen wohnen, und wo ihr Herr und Anführer, der Teufel – wenn irgendwo – das leichteste Spiel hat mit den Seelen der Menschen, die die Wahrheit suchen und die sich auf dieser Suche sogar bis hierher getrauen.

Kein anderer als der heilige Geist also – so steht es da – läßt den Gottessohn die Bekanntschaft suchen mit dem ganz und gar Unheiligen, mit dem Feind des Lebens und der Wahrheit, Bekanntschaft mit einer Macht, die – wie der Ort, an dem sie so recht zuhause ist – nicht nur furchtbar ist und abstoßend, sondern auch faszinierend und die Sinne betörend.

Liebe Gemeinde, es hat ganz offensichtlich den Anschein, daß der Heilige Geist, den wir auf Pfingsten gefeiert haben, ein Kuppler ist. Einer, der es irgendwie und auf dem ersten Blick nicht ganz durchsichtig mit dem Teufel hält. Wir kommen nicht umhin, die Verhältnisse so zu sehen: Der heilige Geist macht Jesus mit dem Teufel bekannt. Und das heißt: Die Abgründe und Versuchungen dieses Lebens bleiben dem Auserwählten Gottes nicht nur nicht erspart, sondern Jesus muß sie ganz willentlich suchen, erleben und durchleben.

Erfüllt vom heiligen Geist geht der Gottessohn in die Wüste, läßt sich dort vom Teufel prüfen, besteht die Prüfung und geht aus ihr gestärkt hervor.

Prüfe mich, Herr, und erprobe mich, erforsche meine Nieren und mein Herz!
Denn deine Güte ist mir vor Augen, und ich wandle in deiner Wahrheit.

So heißt es in Psalm 26. Was wir an Jesus erkennen, ist dieser bewußte, selbstge-
wählte Umgang mit einer Macht, die so stark ist, daß unser Leben dabei auf dem
Spiel steht: so groß ist die Faszination und die Lust, die Begierde und die Versuchung, die von dieser Macht ausgeht.

Und niemand sollte sich in diese Wüste begeben, der nicht – wie es von Jesus
heißt – voll des heiligen Geistes ist. Der heilige Geist nämlich lehrt den Menschen nicht nur die Prüfung zu suchen und gewissermaßen Bekanntschaft mit dem
Teufel zu machen, sondern er rüstet den Menschen auch auf diese Begegnung zu:
Denn deine Güte ist mir vor Augen, und ich wandle in deiner Wahrheit. Niemand sollte die Begegnung in der Wüste suchen, der vorher nicht mit einem
Glauben ausgestattet wurde, der ihn festhalten läßt an Gottes Güte und Liebe, die
alle Abgründe dieses Lebens überspannt; ein Glaube, der es unbedingt mit dem
Leben hält und nicht mit dem Tod.

Jesus, so sagt es das Evangelium, bekam die Kraft für diese Wüstenbegegnung
unmittelbar vorher durch den heiligen Geist in der Taufe. In der Taufe offenbarte
sich ihm die Liebe, die Gott zu ihm hat. Und nur wer diese Liebe in sich spürt,
darf sich bewußt zu den Abgründen dieses Lebens wagen und sich auf ein Gespräch mit dem Teufel einlassen.

Nur wer schon vorher mit Geist und Liebe begabt ist, kann aus der Begegnung
mit dem Teufel gestärkt hervorgehen, gewissermaßen wie versiegelt gegen die
Mächte der Destruktion und des Todes.

Und als der Teufel alle Versuchungen vollendet hatte, wich er von ihm bis zu
einem bestimmten Zeitpunkt (achri kairou) – so muß die Übersetzung hier richti-
ger lauten.

Liebe Gemeinde, das Merkwürdige an dieser Aussage des Evangelisten Lukas ist,
daß an keiner Stelle seines Evangeliums noch einmal von einer neuerlichen Versuchung Jesu durch den Teufel die Rede ist. Vielmehr gilt: Jesus hat dem Teufel
widerstanden, und nun geht er den Weg, den er gehen muß: predigt das Reich
Gottes, treibt Dämonen aus, macht Kranke gesund, nimmt schließlich Kreuz und
Tod auf sich und bricht durch zu neuem Leben am Ostermorgen.

Wohl heißt es zu Beginn der Passionsgeschichte: "Es fuhr aber der Satan in Judas, genannt Iskariot" (Lk 22,3); nirgendwo aber kommt Jesus selber der Teufel noch einmal nahe. Wohl wird davon berichtet, daß Jesus im Garten Gethsemane mit dem Tode rang, nirgendwo aber wird dieses Ringen ausgesagt und verstanden als ein Ringen mit dem Teufel. Und das alles wird unterstrichen durch ein Jesuswort, das Lukas uns in Kapitel 10,18 überliefert, wo es heißt: "Ich sah den Satan vom Himmel fallen wie einen Blitz".

Es ist also ganz eindeutig: Für Jesus ist die Macht des Bösen und des Todes ein für allemal besiegt. Und eben deswegen kann er seinen Weg gehen mitten durch den Tod hindurch zum Leben.

Bleibt am Ende dann noch einmal die Frage, was denn dann das Wort "Und als der Teufel alle Versuchungen vollendet hatte, wich er von ihm bis zu einem bestimmten Zeitpunkt" zu bedeuten hat.

Liebe Gemeinde, wie so manches andere Wort in der Bibel ist auch dies ein dunkles Wort. Es will sich nicht erschließen. Das ist eine unbefriedigende Antwort, gewiß. Aber ich meine: besser eine unbefriedigende als ein falsche Antwort. Lassen Sie uns aber festhalten daran, was sich uns erschließen will und was offen und hell zutage liegt: daß Christus Hölle, Tod und Teufel besiegt hat und daß er uns befreit hat zu einem Leben mit Gott, dem liebenden Vater.

Ordnung der Mittagsgebete

(Freitag und Samstag:)

Lied: Komm, Heiliger Geist (EG 156)

Ingressus:
Auf der Höhe des Tages halten wir inne.
Lasset uns Herzen und Hände erheben zu Gott, der unseres Lebens Mitte ist
Gott, laß uns vor dir stehen mitten im Tagwerk.
Richte uns aus,
daß wir suchen das Eine,
daß wir tun, was not ist.
Laß uns wandeln vor deinen Augen.
Amen

Psalmgebet (im Wechsel)
Ich liebe den Herrn,
denn er hört die Stimme meines Flehens.
    Er neigte sein Ohr zu mir;
    darum will ich mein Leben lang ihn anrufen.
Stricke des Todes hatten mich umfangen,
des Totenreichs Schrecken hatten mich getroffen;
ich kam in Jammer und Not.
    Aber ich rief an den Namen des Herrn:
    Ach Herr, errette mich!
Der Herr ist gnädig und gerecht,
und unser Gott ist barmherzig.
    Der Herr behütet die Unmündigen;
    wenn ich schwach bin, so hilft er mir.
Sei nun wieder zufrieden, meine Seele;
denn der Herr tut dir Gutes.
    Denn du hast meine Seele vom Tode errettet,
    mein Auge von den Tränen, meinen Fuß vom Gleiten.

Ich werde wandeln vor dem Herrn
im Lande der Lebendigen.
(Ps 116,1-9)

(Freitag:)

Lied: Christ lag in Todesbanden (EG 101)

Lesung: 1 Kor 15,20-26.50-57 (in der Luther-Übersetzung)
Nun aber ist Christus auferstanden von den Toten als Erstling unter denen, die entschlafen sind. Denn da durch einen Menschen der Tod gekommen ist, so kommt
auch durch einen Menschen die Auferstehung der Toten. Denn wie sie in Adam alle
sterben, so werden sie in Christus alle lebendig gemacht werden. Ein jeder aber in
seiner Ordnung: als Erstling Christus; danach, wenn er kommen wird, die, die Christus angehören; danach das Ende, wenn er das Reich Gott, dem Vater, übergeben
wird, nachdem er alle Herrschaft und alle Macht und Gewalt vernichtet hat. Denn er
muß herrschen, bis Gott ihm alle Feinde unter seine Füße legt. Der letzte Feind, der
vernichtet wird, ist der Tod.
Das sage ich aber, liebe Brüder, daß Fleisch und Blut das Reich Gottes nicht ererben
können; auch wird das Verwesliche nicht erben die Unverweslichkeit. Siehe, ich sage
euch ein Geheimnis: Wir werden nicht alle entschlafen, wir werden aber alle verwandelt werden; und das plötzlich, in einem Augenblick, zur Zeit der letzten Posaune.
Denn es wird die Posaune erschallen, und die Toten werden auferstehen unverwes-
lich, und wir werden verwandelt werden. Denn dies Verwesliche muß anziehen die
Unverweslichkeit, und dies Sterbliche muß anziehen die Unsterblichkeit. Wenn aber
die Verwesliche anziehen wird die Unverweslichkeit und dies Sterbliche anziehen
wird die Unsterblichkeit, dann wird erfüllt werden das Wort, das geschrieben steht:
Der Tod ist verschlungen vom Sieg. Tod, wo ist dein Sieg? Tod, wo ist dein Stachel?
Der Stachel des Todes aber ist die Sünde, die Kraft aber der Sünde ist das Gesetz.
Gott aber sei Dank, der uns den Sieg gibt durch unsern Herrn Jesus Christus!

(Samstag:)

Lied: Herr Christ, der einig Gotts Sohn (EG 67)

Lesung: Lk 16,19-31 (in der Übersetzung von Walter Jens)
Es war aber ein reicher Mann, der trug Kleider aus Purpur und Linnen und freute

sich seiner leuchtenden Tage. Doch es war auch ein armer Mann, der Lazarus hieß und vor der Tür des Reichen lag, den ganzen Leib mit Geschwüren bedeckt: der träumte von den Brocken, die vom Tisch des Reichen fielen: Ein paar Krümel nur, Abfall und zerfaserte Fladen, und er wäre satt! Doch statt der Brocken kamen nur die Hunde zu ihm und leckten seine Geschwüre.

Eines Tages aber war der arme Mann tot, und die Engel trugen ihn empor zu Abrahams Schoß. Und bald darauf ist auch der Reiche gestorben, wurde begraben und stürzte hinab in die Hölle. Da sah er, in seinen Qualen und Foltern, in weiter Ferne Abraham, der Lazarus umschlungen hielt, und schrie auf: "Mein Vater! Abraham! Hab Mitleid mit mir und erbarme dich meiner! Laß Lazarus zu mir kommen; damit er seine Fingerspitzen ins Wasser eintaucht und mir die Zunge benetzt."

Doch Abraham sagte zu ihm: "Denk nach, Kind! Erinnere dich, wieviel Gutes du in deinem Leben erfuhrst und Lazarus, im gleichen Maß: so viel Schlimmes! Jetzt aber wird er getröstet, und du leidest Schmerzen in den Flammen des Feuers, da unten. Denn wir sind hier, und du bist dort, und zwischen uns ist eine riesige Schlucht: so tief, daß niemand, wenn er auch wollte, von uns zu euch und von euch zu uns kommen könnte." - "Dann, Abraham, schick ihn ins Haus meines Vaters, ich habe fünf Brüder, die soll er beschwören. Sie warnen: vor den Flammen der Hölle, damit sie auf der Hut sind: Nur nicht diese Qualen!"

Aber Abraham sagte: "Deine Brüder haben Moses und die Propheten: Deren Worte können sie hören." - "Nein, Abraham! Sie hören sie nicht! Nur wenn einer von den Toten zu ihnen kommt, werden sie Buße tun und sich besinnen." Doch Abraham sagte: "Wenn sie Moses und die Propheten nicht hören, werden sie sich auch nicht anrühren lassen, wenn einer zu ihnen kommt, der von den Toten auferweckt ist."

(Freitag und Samstag:)

Stille

Vaterunser

Lied: Verleih uns Frieden gnädiglich (EG 421)

Segen

136

Liturgie des ökumenischen Abschlußgottesdienstes

Glocken

Lied: 156 (Komm, Heiliger Geist)

Votum und Begrüßung:
Im Namen des Vaters und des Sohnes und des Heiligen Geistes.
Unsere Hilfe kommt von dem Herrn, der Himmel und Erde gemacht hat.

Willkommen in St. Martin zum Gottesdienst am Sonntag Trinitatis, dem Fest der göttlichen Dreieinigkeit.
Dieser Gottesdienst bildet den Abschluß der Tage für "neue musik in der kirche", die in diesem Jahr unter der Überschrift "Himmel, Hölle, Tod und Teufel" standen.
Viel ist in diesen Tagen gesungen , geredet und nachgedacht worden über Hölle, Tod und Teufel. Und heute nun ist so recht der Himmel dran.
"Ein Haus, nicht mit Händen gemacht, das ewig ist im Himmel" – dieser Vers aus 2 Kor 5 soll über diesem ganzen Gottesdienst stehen und auch im Zentrum der Predigt.
Sie wird uns heute von Prof. Dr. Albert Gerhards gehalten, der Liturgiewissenschaftler an der Universität in Bonn ist. Herzlichen Dank dafür!

Gott - Vater, Sohn und Heiliger Geist
segne unser Reden und Hören,
unser Singen und Beten.

Lied: 449, 1.2.8.12 (Die güldne Sonne)

Psalm 145
Ich will dich erheben, mein Gott, du König,
und deinen Namen loben immer und ewiglich.
   Der Herr ist groß und sehr zu loben,
   und seine Größe ist unausforschlich.

Kindeskinder werden deine Werke preisen
und deine gewaltigen Tagen verkündigen.
Gnädig und barmherzig ist der Herr,
geduldig und von großer Güte.
Dein Reich ist ein ewiges Reich,
und deine Herrschaft währet für und für.
Der Herr ist getreu in all seinen Worten
und gnädig in allen seinen Werken.
Der Herr hält alle, die da fallen,
und richtet alle auf, die niedergeschlagen sind.
Aller Augen warten auf dich,
und du gibst ihnen ihre Speise zur rechten Zeit.
Du tust deine Hand auf
und sättigst alles, was lebt, nach deinem Wohlgefallen.
Der Herr ist nahe allen, die ihn anrufen,
allen, die ihn ernstlich anrufen.
Er tut, was die Gottesfürchtigen begehren,
und hört ihr Schreien und hilft ihnen. (Ps 145,1.3.4.8.13-16.18-19)
Gloria Patri

Bittruf:
Der Himmel über uns bleibt uns oftmals verschlossen.
Wir sind gefangen in unseren irdischen Verhältnissen
und schaffen es nicht, daraus hervorzubrechen.
Darum bitten wir Gott um Erbarmen und rufen:
Herr, erbarme dich ...

Lobpreis:
Christus hat den Himmel für uns aufgetan.
Alle Mächte, die uns in dieser Welt festhalten wollen,
hat er besiegt.
Dafür laßt uns Gott danken und lobsingen:
Ehre sei Gott in der Höhe ...

Tagesgesbet:
Gott, unser Vater,
du hast dein Wort und deinen Geist in die Welt gesandt,
um uns das Geheimnis des göttlichen Lebens zu offenbaren.
Sei uns nahe auf unseren Wegen,
damit wir dich, den dreieinigen Gott bezeugen
und Anteil an deinem Leben erlangen.
Darum bitten wir in der Einheit des Heiligen Geistes
durch Christus Jesus, unseren Herrn.

Lesung: Joh 3,1-15

Es war aber ein Mensch unter den Pharisäern mit Namen Nikodemus, einer von den Oberen der Juden. Der kam zu Jesus bei Nacht und sprach zu ihm: Meister, wir wissen, du bist ein Lehrer von Gott gekommen; denn niemand kann die Zeichen tun, die du tust, es sei denn Gott mit ihm.

Jesus antwortete und sprach zu ihm: Wahrlich, wahrlich, ich sage dir: Es sei denn, daß jemand von neuem geboren werde, so kann er das Reich Gottes nicht sehen. Nikodemus spricht zu ihm: Wie kann ein Mensch geboren werden, wenn er alt ist? Kann er denn wieder in seiner Mutter Leib gehen und geboren werden?

Jesus antwortete: Wahrlich, wahrlich, ich sage dir: Es sei denn, daß jemand geboren werde aus Wasser und Geist, so kann er nicht in das Reich Gottes kommen. Was vom Fleisch geboren ist, das ist Fleisch; und was vom Geist geboren ist, das ist Geist. Wundere dich nicht, daß ich dir gesagt habe: Ihr müßt von neuem geboren werden. Der Wind bläst, wo er will, und du hörst sein Sausen wohl; aber du weißt nicht, woher er kommt und wohin er fährt. So ist es bei jedem, der aus dem Geist geboren ist.

Nikodemus antwortete und sprach zu ihm: Wie kann dies geschehen? Jesus antwortete und sprach zu ihm: Bist du Israels Lehrer und weißt das nicht? Wahrlich, wahrlich, ich sage dir: Wir reden, was wir wissen, und bezeugen, was wir gesehen haben; ihr aber nehmt unser Zeugnis nicht an. Glaubt ihr nicht, wenn ich euch von irdischen Dingen sage, wie werdet ihr glauben, wenn ich euch von himmlischen Dingen sage? Und niemand ist gen Himmel aufgefahren außer dem, der vom Himmel herabgekommen ist, nämlich der Menschensohn. Und wie Mose in der Wüste die Schlange erhöht hat, so muß der Menschensohn erhöht werden, damit alle, die an ihn glauben, das ewige Leben haben.

Halleluja

Lied: 140 (Brunn alles Heils)
Musik: vierstimmiger Satz von Claude Goudimel (1565)

Glaubensbekenntnis

Motette: Hans Darmstadt: Gloria aus der *Missa hebraica* (1999)
für Sopran- und Bariton-Solo und Vokalensemble a cappella
(Der Text - hebräische Texte aus dem Canticum Canticorum, dem Buch Hiob und den
Psalmen, dazu Lyrik und Prosa von Rose Ausländer und Elie Wiesel, zusammengestellt
von Corinna Dahlgrün - in wörtlicher deutscher Übersetzung:

I
laßt uns jauchzen und laßt uns freuen in dir / laßt uns preisen deine Liebe mehr als Wein
CC 1,4
Schadaj / nicht erreichen wir ihn / groß [in Hinblick auf Kraft] *Hi 37,23*
der Haß eine schwarze Sonne / verdunkelt das Antlitz Gottes
Elie Wiesel: Osloer Erklärung gegen den Haß, in: Den Frieden feiern, 146
vergiß nicht / es gibt ja / das Licht!
Rose Ausländer: Sag nicht II, in: Hinter allen Worten, 154

II
wie lieb [sind] deine Wohnungen / Herr Zebaoth / es hat sich gesehnt und auch es
schmachtet / meine [ganze] Person im Blick auf die Vorhöfe des Herrn *Ps 84,2+3a*
ich [gehöre] meinem Geliebten / und auf mich hin sein Trieb *CC 7,11*
siehe du [bist] schön / meine Freundin, siehe du schön *CC 1,15*
mein Herz und mein Fleisch / sie jubeln zu dem lebendigen Gott *Ps 84,3b+c*
mein Gott, ich rufe tags / doch du antwortest nicht / und nachts / und nicht [gibt es]
stillschweigen für mich - / du aber [bist] heilig *Ps 22,3-4a*
Um gegen seinen Willen etwas zu fordern gibt es nur ein Mittel: Ihn loben.
Elie Wiesel: Jom Kippur, Tag ohne Versöhnung, in: Gesang der Toten, 42
Das Losungswort / heißt / Liebe
Rose Ausländer: Rad / aus Wolkenerz, in: Ich spiele noch, 43

III
sie alle haltend ein Schwert / wegen des Schreckens in den Nächten *CC 3,8*
[das] Herrschen und Schrecken [sind] bei ihm / der Frieden macht in seinen Höhen
Hi 25,2
wende weg [du Frau] deine Augen von mir / sie erschrecken mich *CC 6,5*

der das Auge gemacht hat / sollte der nicht sehen? *Ps 94,9*
ein Garten verschlossen / meine Schwester Braut / eine Quelle verschlossen / eine Quelle
versiegelt *CC 4,12*
denn bei dir [ist] Quelle des Lebens *Ps 36,10*
Jedes Wesen hat teil an dem erneuerten Geheimnis der Schöpfung
Elie Wiesel: Testament eines Juden aus Saragossa, in: Gesang der Toten, 70

IV

dann war ich in seinen Augen / wie eine Gefundene [des] Heils *CC 8,10*
nimm / diese Wirklichkeit / Wunder
Rose Ausländer, Wunder II, in: Hinter allen Worten, 160
dann war ich in seinen Augen / wie eine Gefundene [des] Heils *CC 8,10*

V

und ich weiß: / mein Erlöser lebt. / Ich werde schauen Gott / ich werde schauen für
mich / und meine Augen sehen: / und nicht ein Fremder *Hi 19,25.27*
Friede ist Illusion. Aber die Sehnsucht nach Frieden ist keine Illusion.
Elie Wiesel: Krieg und Frieden - Illusion und Realität, in: Den Frieden feiern, 128
Und Wiesen gibt es noch / und Bäume und / Sonnenuntergänge / und / Meer / und
Sterne / und das Wort / das Lied / und Menschen / und
Rose Ausländer: Und, in: Hinter allen Worten, 187[1])

Predigt

Lied: 148,1.4-6 (Herzlich tut mich erfreuen)

Fürbittengebet:
Wir wenden uns an Jesus Christus, unseren Bruder und Herrn, daß er unser Ge-
bet annehme und in die Hände Gottes, des Vaters lege:
Für die christlichen Kirchen und Gemeinschaften: daß sie im Zeugnis von der
Liebe Gottes in Christus zueinander finden und ein Zeichen der Hoffnung für die
Menschheit werden.
Laßt uns rufen: Herr, erbarme dich.
Für alle, die an den einen Gott glauben, für unsere jüdischen und muslimischen

---

[1] Verwendung und Abdruck der Textausschnitte von Rose Ausländer mit freundlicher Ge-
nehmigung des Verlages. © Alle Rechte bei S. Fischer Verlag GmbH, 60596 Frankfurt/M.

Glaubensbrüder und -schwestern: daß sie in Treue zum Wort Gottes stehen und Wege der Verständigung suchen.

Laßt uns rufen: Herr...

Für alle, die an die Offenheit der Welt auf das Göttliche hin glauben: daß sie aus der Erfahrung der Transzendenz ihr Leben in Verantwortung für die ganze Schöpfung gestalten.

Laßt uns rufen: Herr...

Für alle, die nicht glauben können: daß sie durch die Spuren Gottes in seiner Schöpfung und durch das Zeugnis gläubiger Menschen Wege zum Glauben finden.

Laßt uns rufen: Herr...

Für die Verstorbenen: daß sie - gläubig oder ungläubig - die unendliche Barmherzigkeit des menschenliebenden Gottes erfahren dürfen.

Laßt uns rufen: Herr...

Dich preisen wir, Gott, der du barmherzig und gnädig bist, langmütig, reich an Huld und Treue: durch deinen geliebten Sohn Jesus Christus in der Einheit des Heiligen Geistes, heute und in Ewigkeit. Amen.

Stilles Gebet

Vaterunser

Choralsatz: 445,1.5-7 (Gott des Himmels und der Erden)
    Text, Melodie und Satz: Heinrich Albert (1642)

Segen

Lied: Jesus, unser Trost und Leben
    mit dem Generalbaß von Johann Sebastian Bach aus Schemellis *Musicalischem Gesang-Buch 1736*
(Text:

Jesus unser Trost und Leben, / der dem Tode war ergeben, / der hat herrlich und mit Macht / Sieg und Leben wiederbracht. / Er ist aus des Todes Banden / als ein Siegesfürst erstanden. / Halleluja! Halleluja!

Er hat ritterlich gerungen / **Höll und Teufel** überzwungen; / kein Feind uns kann schaden mehr, / ob er tobet noch so sehr. / Darum, Zion, fröhlich singe / und mit voller Stimm erklinge: / Halleluja! Halleluja!

Nunmehr liegt der **Tod** gebunden, / von dem Leben überwunden; / wir sind seiner Tyrannei, / seines Stachels quitt und frei. / Nunmehr steht der **Himmel** offen, / wahrer Frieden ist getroffen, / Halleluja! Halleluja!

Alle Welt sich des erfreuet, / sich verjünget und erneuet; / alles, was lebt weit und breit, / leget an sein grünes Kleid, / ja das Meer vor Freuden wallet, / Berg und Tal weithin erschallet: / Halleluja! Halleluja!)

Albert Gerhards

Predigt: "Ein Haus, nicht mit Händen gemacht, das ewig ist im Himmel"
(2 Kor. 5,1-10)

Wir wissen: Wenn unser irdisches Zelt abgebrochen wird, dann haben wir eine Wohnung von Gott, ein nicht von Menschenhand errichtetes ewiges Haus im Himmel.
Im gegenwärtigen Zustand seufzen wir und sehnen uns danach, mit dem himmlischen Haus überkleidet zu werden. So bekleidet, werden wir nicht nackt erscheinen.
Solange wir nämlich in diesem Zelt leben, seufzen wir unter schwerem Druck, weil wir nicht entkleidet, sondern überkleidet werden möchten, damit so das Sterbliche vom Leben verschlungen werde. Gott aber, der uns gerade dazu fähig gemacht hat, er hat uns auch als ersten Anteil den Geist gegeben.
Wir sind also immer zuversichtlich, auch wenn wir wissen, daß wir fern vom Herrn in der Fremde leben, solange wir in diesem Leib zu Hause sind; denn als Glaubende gehen wir unseren Weg, nicht als Schauende.
Weil wir aber zuversichtlich sind, ziehen wir es vor, aus dem Leib auszuwandern und daheim beim Herrn zu sein. Deswegen suchen wir unsere Ehre darin, ihm zu gefallen, ob wir daheim oder in der Fremde sind.
Denn wir alle müssen vor dem Richterstuhl Christi offenbar werden, damit jeder seinen Lohn empfängt für das Gute oder Böse, das er im irdischen Leben getan hat. (2 Kor 5,1-10)

Liebe Schwestern, liebe Brüder in Christus,
zweimal wurde in diesem Gottesdienst das Gloria angestimmt, das seinen Namen vom Engelsgesang auf den Feldern Bethlehems im Lukasevangelium herleitet. Das altbekannte "Ehre sei Gott in der Höhe", das zum gemeinsamen Gebetsgut der verschiedenen Konfessionen gehört, ist ein frühchristlicher Hymnus auf Gott und auf Christus zur Rechten Gottes, dessen Erbarmen angerufen wird. Er allein ist heilig, was heißen will: Wir sind der Heiligung durch ihn bedürftig.

Hintergrund des Engelsgesangs in Bethlehem ist ja die Erfahrung der Erbärmlichkeit der *conditio humana*, die das Kind in der Krippe teilt. Oft ist es nackt dargestellt, in größter Verletzlichkeit und Angewiesenheit. Von Nacktheit spricht auch der Text im 2. Korintherbrief, von unserer Angst vor der Unbehaustheit und der Sehnsucht, überkleidet zu werden mit dem himmlischen Haus. Friede, der im Gloria verkündet wird, hat etwas mit Heimat zu tun, mit Wohnen unter festem Dach. Zeltexistenz ist immer auch ein Zeichen von Nomadentum, Ungewissheit und Heimatlosigkeit. "Gott wird Mensch", das zentrale christliche Dogma neben dem der Auferstehung bedeutet, daß Gott solidarisch wird mit der Grundbefindlichkeit seines Geschöpfs, daß er die Unbehaustheit des Menschen teilt.

Das vergangene 20. Jahrhundert war vielleicht dasjenige in der Menschheitsgeschichte, das die meiste Migration, die schlimmste Entwurzelung und Vertreibung kannte bis hin zur Zerstörung alter Kulturen und Vernichtung ganzer Völker. Gewiß: Auch in früheren Zeiten hat es unvorstellbare Greuel gegeben, aber wohl erst das 20. Jahrhundert nach Christus ist dazu angetan, daß einem das "Ehre sei Gott in der Höhe" im Halse stecken bleibt. In Paul Celans "Todesfuge" heißt es in makabrer Totentanz-Motivik: "er ruft streicht dunkler die Geigen dann steigt ihr als Rauch in die Luft / dann habt ihr ein Grab in den Wolken da liegt man nicht eng." - Was bislang positiv besetzt war: der Himmel als das ganz andere, Hoffnungsvolle, Zukunftsträchtige ist nun pervertiert. "Der Haß eine schwarze Sonne / verdunkelt das Antlitz Gottes" - hat der Bariton mit den Worten Elie Wiesels gesungen. Lob und Frage in den Psalmen, Hiobs Klage und Ergebung, Liebe und Tod im Hohenlied und die Stimme zweier jüdischer Zeitzeugen des schlimmsten Verbrechens seit Menschengedenken bilden das Textmaterial des Gloria aus der Missa hebraica, zusammengestellt von Corinna Dahlgrün und komponiert von Hans Darmstadt.

Mit dieser Komposition, mit dem Motto der diesjährigen Tage für Neue Musik und dem Leitwort aus dem 2. Korintherbrief "Ein Haus, nicht mit Händen gemacht, das ewig ist im Himmel" (2 Kor 5-1-10) sind wir gleichsam selbst ausgespannt zwischen Himmel und Hölle. Wer kann das aushalten? Das Programm der Tage neuer Musik und dieses Gottesdienstes trifft offensichtlich den Nerv der heutigen, vor allem deutschen Befindlichkeit. Die Debatten der vergangenen Jahre über angemessene Orte des Holocaust-Gedenkens oder über den Umgang mit der nationalsozialistischen Vergangenheit haben dies überdeutlich gemacht. Die

Erinnerung an die eigene Geschichte ist ein schmerzhafter Prozess mit Konsequenzen für das Leben. Es ist mühevoll, die Spannung zwischen Himmel und Hölle auszuhalten. Nimmt es wunder, daß viele Zeitgenossen ausgestiegen sind aus dem Versuch, diesem Leben einen Sinn abzugewinnen, an das Gute zu glauben, sich für eine bessere Welt einzusetzen, und statt dessen ein neues "*carpe diem*" kultivieren: Schau, was du vom Leben mitkriegen kannst, kümmere dich nicht um die anderen und schon gar nicht um das Jenseits? Die unlängst veröffentlichte Schell-Studie über die junge Generation läßt da keine Illusionen. Kirchen, Parteien, Institutionen jeglicher Art haben es immer schwerer, junge Menschen auf Dauer einzubinden. Diese sind so sehr damit beschäftigt, ihr Haus auf Erden einzurichten, daß von jenem "nicht mit Händen gemachten Haus, das ewig ist im Himmel", nicht mehr die Rede sein kann.

Die Befreiung von der Last der Geschichte durch Verweigerung jeglicher Verantwortung - ist dies der einzige Weg aus dem Dilemma? Eine rein innerweltliche Sicht der Dinge kann leicht zu diesem Schluß führen. Aber es bietet sich noch eine Alternative an, die freilich einige Mühe abverlangt. Keine Alternative ist jedenfalls der fundamentalistische Weg, der viele Christen aller Konfessionen anlockt. Allzu einfach ist es, sich ganz auf das Jenseits zu verlegen und alle Innerweltlichkeit als gottlos abzutun. Eine solche Einstellung widerspricht zutiefst dem biblischen Glauben an den Gott der Schöpfung und der Geschichte. Diesem Gott gilt das Psalmwort: "Mein Gott, ich rufe tags / doch du antwortest nicht / und nachts / und ich finde keine Ruhe / **du aber bist heilig.**" (Ps 22,2-4a). Gerade indem Gott nicht einfach zuhanden ist und sich nicht magisch herbeizwingen läßt, erweist er seine Gegenwart, auch wenn sich diese oft erst im Nachhinein erweist: "Jedes Wesen hat teil an dem erneuerten Geheimnis der Schöpfung" (Elie Wiesel). Kein Zauberspruch nutzt, sondern "Das Losungswort heißt Liebe" (Rose Ausländer). Wie im Hohenlied erweist sich die Realität der Liebe als Lebensprinzip oft in der Abwesenheit des Geliebten, in der Suche und manchmal auch in der Verzweiflung. "Mein Herz und mein Fleisch / sie jubeln zu dem lebendigen Gott" (Ps 84,3) - was aber, wenn dieser Gott den Geliebten / die Geliebte verlassen hat? Wenn der Jubel ins Leere geht und jäh verstummt?

146

Das zeitgenössische Gloria der Missa hebraica ist alles andere als ein Wohlfühl-Text. Es wird nicht so getan, als sei alles in bester Ordnung: Ehre für Gott in der Höhe und Friede für die Menschen auf Erden, Himmel und Erde in Einklang, ohne Hölle, Tod und Teufel. Zwar scheint sich auch hier alles zum Positiven zu wenden: "dann war ich in seinen Augen wie eine Gefundene des Heils". Die Einheitsübersetzung sagt: "Da hab' ich in seinen Augen / Gefallen gefunden." Und es schließen sich die Worte des Vertrauens aus Hiob an: "Ich weiß: mein Erlöser lebt." Aber das wird sogleich konterkariert mit dem Zitat Elie Wiesels: "Friede ist Illusion." - Ist damit alles wieder zerstört? Haben die recht, die sagen, es lohne sich nicht, sich für eine gute Sache, für die Allgemeinheit einzusetzen? Der Text fährt jedoch fort: "Aber die Sehnsucht nach Frieden ist keine Illusion." Es gibt eine Realität, die die Realpolitik dieser Welt übersteigt. Zu Beginn des Gloria hat es geheißen: "Wie lieb sind deine Wohnungen, Herr Zebaoth. Es hat sich gesehnt und auch schmachtet meine ganze Person im Blick auf die Vorhöfe des Herrn." Die Sehnsucht, das Sich-Ausstrecken nach dem scheinbar Unerreichbaren ist schon der Beginn einer neuen Wirklichkeit, die zwar zunächst nur im Inneren der Menschen existiert, die aber ansatzweise um uns herum entsteht. Die Wiesen und Bäume, die Sonnenuntergänge, das Meer und die Sterne, das Wort, das Lied, die Menschen: All das wird zum Symbol dieser neuen Wirklichkeit, die als rein innerweltliche Perspektive eine Illusion bleibt. Wer Gott aber zutraut, Quelle seines / ihres Lebens zu sein, wird zwar von Durst nicht verschont werden, wird die Quelle zuweilen auch versiegelt finden, aber solche Menschen werden Gott dennoch loben - und in seinen Augen wie eine Gefundene des Heils sein. Zwar wissen sie, daß sie ihre Zeltexistenz auf Erden nie überwinden werden, aber die Sehnsucht nach Schalom, nach dem "Haus, nicht mit Händen gemacht, das ewig ist im Himmel", hält sie auf der Spur und macht sie zu Boten des Geliebten, der seiner Geliebten, d.h. allen Menschen seines Wohlgefallens, allen Menschen, die er geschaffen hat, eine Wohnung bereitet. Eine solche Haltung ist also weder Flucht in die Welt noch aus der Welt, sondern Voraussetzung für eine bewußte Existenz in der Welt, die wohl niemals ohne Anfechtung sein wird. Es ist aber nach meiner Überzeugung die einzige Möglichkeit, auf dem Hintergrund der konkreten Geschichte Verantwortung zu leben.

Das Gloria der Missa hebraica macht in seiner Textaussage und in seiner musikalischen Expressivität die enge Verbundenheit der biblischen Religionen deutlich, die im 20. Jahrhundert auf christlicher Seite aus gegebenem Anlaß zu einer radikalen Neubesinnung geführt hat. Wir leben nicht nur aus der jüdischen Wurzel, sondern sind, wie mein Kollege Josef Wohlmuth es in einem Buchtitel ausgedrückt hat, "im Geheimnis einander nahe". Zwar ist der Inhalt des heutigen Festes - das Geheimnis der Dreieinigkeit Gottes - ein zentraler Punkt, der Juden und Christen voneinander trennt. Der im vorigen Jahr verstorbene jüdische Gelehrte Schalom Ben Chorin hat einmal gesagt, der Glaube Jesu eint Juden und Christen, der Glaube an Jesus trennt sie. Wenn der Messias einmal kommt, so könne er sich aber vorstellen, daß er die Züge Jesu trägt. Also doch: der Glaube an den Gott der Liebe und Treue, der uns entgegengeht, eint uns mehr, als daß er uns trennt. Je länger wir die Jahre "nach Christi Geburt" zählen, desto mehr konvergieren die Wege, gelangen wir an das Ziel unserer Sehnsucht: Ehre, Schalom und Wohlgefallen - wenn alle Nacktheit unserer Erbärmlichkeit überkleidet wird mit Leben. Diese Botschaft lohnt unseren ganzen Einsatz, sie tut unserer Welt Not und erfordert unsere ganze Kraft - über alle trennenden Grenzen der Konfessionen und Religionen hinweg.

Das Gesamtprogramm

Konzeption: Corinna Dahlgrün und Hans Darmstadt
Künstlerische Gesamtleitung: Hans Darmstadt

Zeittafel

Donnerstag, 15. Juni 2000
18.00 Uhr Eröffnungsgottesdienst
19.30 Uhr Konzert I - Eröffnungskonzert

Freitag, 16. Juni 2000
9.30 Uhr Befragung I (Kratz / Beinhauer-Köhler)
12.30 Uhr Mittagsgebet
14.30 Uhr Werkstatt I (Döhl / Karger)
17.00 Uhr Konzert II - Orgelkonzert
19.30 Uhr Konzert III - Vokalkonzert
22.30 Uhr Filmnacht (Stummfilm & Orgelimprovisation live)[1]

Samstag, 17. Juni 2000
9.30 Uhr Befragung II (Freytag / Dahlgrün)
12.30 Uhr Mittagsgebet
14.30 Uhr Werkstatt II (Jacob / Eckert / Hüppe / Gürsching / Schwoon)
18.30 Uhr Konzert IV - Musiknacht 1. Teil
21.00 Uhr Musiknacht 2. Teil
22.45 Uhr Musiknacht 3. Teil

Sonntag, 18. Juni 2000
11.30 Uhr Abschlußgottesdienst

---

[1] "Der müde Tod", Deutschland 1921, Regie: Fritz Lang. Orgelimprovisation: Jürgen Essl (Lübeck). Die Aufführung des Stummfilmes wurde ermöglicht durch den Filmladen Kassel.

149

Die Konzertprogramme

Konzert I - Eröffnungskonzert

brass of the moving image: Rochus Aust, Árpád Fodor (Trompete), Bosco Pohontsch, Jochen Enders (Trompete), Adam Lewis (Horn), Peter Stelzl, Günther Scherb (Posaune), Bernhard Vanecek (Posaune), Roland Vanacek (Tuba), Sabine Böbbis (Ausstattung), Han H. de Groot (Interaktionsregie), Marcus Aust (Klangregie)

Han H. de Groot / Markus Aust / Rochus Aust: Concerto Grosso Peripherer Musiker für Zentriertes Publikum (Konzerteröffnungsversion 2000)
Rochus Aust: East Signal (2000)
Vinko Globokar: ResAsRexIns–Pirer (1973)
Einojuhani Rautavaara: Playgrounds for Angels (1981)
Karlheinz Stockhausen: Gesang der Jünglinge im Feuerofen (1955/56)
Tom Waits: Night on Earth
Tom Waits: Back in the good old World – City Mood
Tom Waits: Carnival Bob's Confession
Jarmo Sermilä: Final Conclusion (1988)
Rochus Aust: West Signal (2000)
Han H. de Groot / Markus Aust / Rochus Aust: Concerto Grosso Peripherer Musiker für Zentriertes Publikum (Konzertschlußversion 2000)

Konzert II - Orgelkonzert

Andreas Jacob (Düsseldorf) spielt
Gerald Eckert: Aufbrüche – Verwerfungen (2000) (Uraufführung)
Andreas Gürsching: Eingriff und Wiederholung – schwebender Prozess für Orgel (Überarbeitete Fassung 2000) (Uraufführung)
Eberhard Hüppe: Caprice sur le nom B.A.S.F. (1992/96) (Uraufführung)
Werner Heider: In der Stille der Zeit (1994)
Kilian Schwoon: In hydraulischer Landschaft (1999/2000) (Uraufführung)

Konzert III - Vokalkonzert

SCHOLA HEIDELBERG: Anja Tilch, Lisa Rave, Gerwina Stoppel, Iris Wagner-Göttelmann (Sopran); Truike van der Poel, Marion Steingötter, Barbara Ostertag (Alt); Joachim Buhrmann, Dennis Götte, Jörg Deutschewitz (Tenor); Matthias Horn, Christoph Obert, Martin Backhaus (Baß). ensemble aisteSis: Anna McMichael (Violine), Winfried Rager (Klarinette), Caroline Heilig (Baßklarinette), Hubert Steiner (Gitarre), Jan Marc Reichow (Celesta), Boris Müller, Martin Homann, Adam Weismann, Meinhard Jenne (Schlagzeug). Leitung: Walter Nußbaum
Carlo Gesualdo di Venosa: Deh, come invan sospiro (vor 1611)
Carlo Gesualdo di Venosa: S'io non miro non moro (vor 1611)
Anton Webern: Zwei Lieder (1926)

Carlo Gesualdo di Venosa: Resta di darmi nioa (vor 1611)
Giacinto Scelsi: TKRDG (1968)
Cornelius Schwehr: Deutsche Tänze (1989/90)
Iannis Xenakis: Nuits (1967)
Helmut Lachenmann: Consolation I (1967)

Konzert IV - Musiknacht 1. Teil

ensemble v.act (Musikhochschule Stuttgart), Leitung: Angelika Luz
Szenisch-konzertante Phantasien
Adam Gumpelzhaimer: Der grimmig Tod (um 1600)
Adriana Hölszky: VAMPIRABILE. Lichtverfall (1988)
Toshio Hosokawa: Renka 1 (1986)
Emilio de Cavalieri: O gran stupore (vor 1600)
Iannis Xenakis: mikka (1972)
Oliver Frick: Einblick hindurch (2000) (Uraufführung)
Pascal Dusapin: Two walking (1993/94)
Nebojša Jovan Živkoviĺ: CTPAX:STRAH op. 12 (1987)
Marek Kopelent: Black and White Tears (1972)
Shigeru Kan-no: Priere pour les malades (1988)
Adam Gumpelzhaimer: Miserere (um 1600)

Zsigmond Szathmáry (Freiburg) spielt:
Franz Liszt: Weinen, Klagen, Sorgen, Zagen (1863)

Vocalensemble Kassel, Leitung: Hans Darmstadt
Reinhard Karger: Komm, o Tod, du Schlafes Bruder (1998/99) (Uraufführung)
Johann Sebastian Bach: Komm, Jesu, komm (1697)

Musiknacht 2. Teil

Jörg Krämer (Flöte), Nikolaus Friedrich (Klarinette), Gerd Ruff (Posaune)
Rainer Bartke (Violoncello), Michael Krämer und Heinrich Herpich (Schlagzeug)
Susanne Pfitschler-Schmidt (Sopran), Thomas Jesatko (Bariton)
Rainer Wolf (Sprecher), Susanne Hartwich-Düfel (Orgel)
Cappella Sebaldina Nürnberg, Leitung: Hans-Martin Rauch
Werner Jacob: MISSA CONTRARIA (1988/89)

Mechthild Seitz (Alt), Zsigmond Szathmáry (Orgel)
Kantorei an St. Martin, Vocalensemble Kassel, Leitung: Hans Darmstadt
Heinrich Schütz: Die Himmel erzählen die Ehre Gottes (1648)
Sven-David Sandström: Läge Januari 1980 (1980)
Marek Kopelent: Cantus pro defunctis (1993)
Johann Sebastian Bach: Vor deinen Thron tret' ich hiermit (1750)

Musiknacht 3. Teil

Constanze Betzl (Flöte/Piccolo), Andreas Kalthoff, Ulrich Rebmann (Trompete)
Andreas Baader, Michael Kokott, Susann Ziegler, Erich Minsch (Posaune)
Olaf Pyras, Michael Krämer, Heinrich Herpich (Schlagzeug)
Zsigmond Szathmáry (Orgel), Andreas Maurer (Orgel Offertorium, 2. Spieler)
Mechthild Seitz (Mezzo/Alt), Ekkehard Abele (Bariton)
Kantorei an Sankt Martin, Vocalensemble Kassel, Leitung: Hans Darmstadt
Friedhelm Döhl: REQUIEM 2000 - ATEMWENDE (2000) (Uraufführung)

Mitarbeiterinnen und Mitarbeiter

Bärbel Beinhauer-Köhler, geboren 1967 in Korbach. Magisterstudium in Göttingen in den Fächern Islamwissenschaft, Religionswissenschaft und Politik. Promotion im Fach Islamwissenschaft. 1994-2000 Arbeit an einem interdisziplinären Habilitationsprojekt in den Fächern Islamwissenschaft und Religionswissenschaft zur Religionsgeschichte der islamischen Fatimagestalt. Seit 1991 Beschäftigung an der Universität Göttingen, Abt. Allgemeine Religionsgeschichte, seit 1995 als wissenschaftliche Assistentin.

Corinna Dahlgrün, geboren 1957 in Hamburg. Studium der Germanistik und der evangelischen Theologie. 1986 Erstes Theologisches Examen. 1988-1995 Lehraufträge an den Universitäten Hamburg und Kiel. 1991 Promotion im Fach Kirchengeschichte. 1990-95 Vikariat und Pfarrstelle in Hamburg. Vorbereitung und Mitarbeit bei den Nordelbischen Wochen für Neue Musik und Theologie. Seit 1995 Wiss. Assistentin bei Prof. Dr. M. Josuttis in Göttingen. Verschiedene Veröffentlichungen im Fach Praktische Theologie. Habilitation zum Problem eschatologischer Predigt.

Hans Darmstadt, geboren 1943 in Halle/Saale. Kompositionsstudium bei Konrad Lechner und Günther Becker. Studium der Erziehungswissenschaften, Theologie und Kirchenmusik. 1967-73 Kantor und Organist in Griesheim bei Darmstadt, 1973-94 in Hamburg-Blankenese. Initiator der Nordelbischen Wochen für Neue Musik und Theologie. Kompositionen für die kirchenmusikalische Praxis ebenso wie für professionelle Vokal- und Instrumentalensembles und Solisten. Seit 1994 Kirchenmusikdirektor an St. Martin Kassel. Professor für Musiktheorie/Komposition und Analyse an der Musikhochschule in Lübeck.

Friedhelm Döhl, geboren 1936 in Göttingen, studierte in Freiburg/Breisgau Komposition bei Wolfgang Fortner, Klavier bei Carl Seemann sowie Musik- und Literaturwissenschaft, promovierte in Göttingen mit einer Dissertation über Anton Webern. 1964-67 Dozent am Robert-Schumann-Konservatorium Düsseldorf. 1967/68 Rompreis Villa Massimo. 1969-74 Professor am Musikwissenschaftlichen Institut der Freien Universität Berlin. Mitglied der Gruppe Neue Musik. 1974-82 Direktor der Musik-Akademie Basel (hier u.a. Gründung der Studios für Elektronische Musik, Außereuropäische Musik, Musik und Theater). Seit 1982 Professor für Komposition an der Musikhochschule Lübeck (Einführung neuer Veranstaltungsreihen wie 'Forum junger Komponisten'). 1991-94 Rektor der Musikhochschule Lübeck (Gründung des 'Brahms-Festivals'). Seit 1986 Mitglied der Freien Akademie der Künste in Hamburg. Kompositionen für Klavier (mehrere Zyklen), Orgel, andere Soloinstrumente; Kammermusik; Liederzyklen; Chor; Mikrodramen; (live-elektronische) Klang-Szenen; Raum-Kompositionen; Musiktheater ('Medea'/Oper in 3 Akten); Orchester ('Melancolia' für großes Orchester mit Chor und Sopransolo, 'Zorch' für Big band und 3 offene Flügel, 'Ikaros'/Ballett für Orchester, 'Symphonie für Cello und Orchester', 'Tombeau'/Metamorphose für großes Orchester, 'Passion' für Orchester, 'Winterreise'/Fassung für Streichorchester, 'Sommerreise/Klavierkonzert, 'Symphonie für großes Orchester').

Hartmut Freytag, geboren 1941 in Lübeck. Studium der deutschen, lateinischen und mittellateinischen Sprache und Literatur an den Universitäten in Hamburg, Wien, Bonn, Kiel und Münster. 1968 Promotion in Münster. 1978 venia legendi für Deutsche Philologie mit Berücksichtigung der mittellateinischen Philologie in Hamburg. Veröffentlichung zahlreicher Beiträge zur deutschen und lateinischen Literatur des 9. bis 17. Jahrhunderts. Professor am Institut für Germanistik der Universität Hamburg. Arbeitsgebiet: deutsche, einschließlich niederdeutsche, und lateinische Literatur des frühen, hohen und späten Mittelalters sowie der Neuzeit. Forschungsschwerpunkte: deutsche und lateinische, vornehmlich geistliche Literatur im 11. und 12. Jahrhundert; Hartmann von Aue, Gregorius; Der arme Heinrich; Totentänze vornehmlich des späten Mittelalters und in Norddeutschland; Lateinisches Stadtlob im 16. Jahrhundert; Emblematik.

Herbert Glossner, geboren 1932 in Nürnberg. Studium der evangelischen Theologie, Kunstgeschichte, Musikwissenschaft und Kirchenmusik in Tübingen, Basel, Heidelberg und Princeton/USA (Th.M.). Vikariat in Nürnberg. Kirchliche Pressearbeit in München und Stuttgart. 1971 bis 1997 Redakteur der Wochenzeitung "Deutsches Allgemeines Sonntagsblatt" in Hamburg, davon 17 Jahre Ressortleiter 'Kultur'; Mitarbeit bei verschiedenen Rundfunkanstalten, Zeitungen und Zeitschriften.

Albert Gerhards, geboren 1951 in Viersen-Dülken/Rheinland. Studium in Innsbruck, Rom und Trier. Seelsorgetätigkeit. 1984 Professor für Liturgiewissenschaft an der Kath.-Theol. Fakultät der Universität Bochum. 1985-98 Leiter der Arbeitsgruppe "Kirchliche Architektur und sakrale Kunst" der Liturgiekommission der Deutschen Bischofskonferenz. 1989 Professor für Liturgiewissenschaft und Direktor des Seminars für Liturgiewissenschaft an der Kath.-Theol. Fakultät der Universität Bonn. 1989 Mitglied des Ökumenischen Arbeitskreises evangelischer und katholischer Theologen. 1991 Beratendes Mitglied der Liturgiekommission der Deutschen Bischofskonferenz. 1998 Sprecher der Arbeitsgemeinschaft Katholischer Liturgiedozentinnen und -dozenten im deutschen Sprachgebiet. Mitherausgeber der Reihen "Praktische Theologie heute" und "Bild-Raum-Feier. Kirche und Kunst im Gespräch"; zahlreiche Publikationen, besonders in den Bereichen Geschichte, Theologie und Praxis der Liturgie (Schwerpunkte: Eucharistisches Hochgebet, Judentum und Christentum), Ökumene, Kirchenmusik, Kirche und Kunst.

Reinhard Karger, geboren 1953 in Tübingen. 1972 Kompositionsstudium bei Erhard Karkoschka in Stuttgart. 1973 Arbeit als Musiker und Schauspieler am Tübinger Zimmertheater. 1974/75 Elektronisches Studio Utrecht, Studium bei Gottfried Michael Koenig. 1976 Abschlußprüfung in Stuttgart. 1977/78 Theater- und Musikstudium bei Morton Subotnick am California Institute of the Arts Los Angeles. Bis 1981 Aufbaustudium bei Brian Ferneyhough in Freiburg. Anregungen von Helmut Lachemann und Michael Vetter (Obertongesang und Improvisation). 1985-87 Leiter der Schauspielmusik am Staatstheater Kassel. Lebt als freier Komponist in Kassel. Zahlreiche Kompositionen, Preise und Aufführungen.

Reinhard Gregor Kratz, geboren 1957. Studium der evangelischen Theologie und Gräzistik in Frankfurt/Main, Heidelberg und Zürich. Stipendiat der Studienstiftung des Deutschen Volkes. Wiss. Assistent im Fach Altes Testament an der Theol. Fakultät der Universität Zürich. 1987 Promotion. Mitarbeit an der Revision der Zürcher Bibel. 1990 Habilitation im Fach Altes Testament. 1991-95 Privatdozent an der Theol. Fakultät der Univ. Zürich. Seit 1995 ordentlicher Professor für Altes Testament in Göttingen. Forschungsschwerpunkte: Literatur- und Theologiegeschichte des Alten Testaments, Redaktionsgeschichte der Prophetenbücher, Epoche des Zweiten Tempels (Judentum in pers. und hell. Zeit).

Volker Stümke, geboren 1960 in Hamburg. Studium der evangelischen Theologie und Philosophie in Hamburg, Tübingen und München. 1991 Promotion in Systematischer Theologie. Lehrbeauftragter der Universität Hamburg. 1993-95 Pastor für den Deutschen Evangelischen Kirchentag in München und Hamburg, danach Gemeindepastor in Elmshorn. Nach zweijährigem Erziehungsurlaub seit 1998 Dozent für ev. Sozialethik an der Führungsakademie der Bundeswehr Hamburg. Arbeitsschwerpunkte im Bereich der Eschatologie (Tod, Jüngstes Gericht) und Grundlegungsfragen der Sozialethik. Mehrere Veröffentlichungen.

Willi **Temme**, geboren 1960. 1979-85 Studium der evangelischen Theologie in Marburg, Bonn und Heidelberg. Gemeindevikariat in Kassel. 1988 Ordination zum Pfarrer der Ev. Kirche von Kurhessen-Waldeck. 1991-96 Wissenschaftlicher Mitarbeiter im Fachgebiet Kirchengeschichte der Philipps-Universität Marburg. Promotion mit einer Arbeit über die "Krise der Leiblichkeit" im radikalen Pietismus um 1700. Seit 1997 Pfarrer an St. Martin, Kassel.

Peter Lang · Europäischer Verlag der Wissenschaften

Corinna Dahlgrün / Hans Darmstadt (Hrsg.)

neue musik in der kirche: Visionen gegen die Zeit

Interdisziplinäre Tage für Neue Musik und Theologie
11.-14. Juni 1998 – Dokumentation und Auswertung

Frankfurt/M., Berlin, Bern, Bruxelles, New York, Wien, 1999. 116 S.
ISBN 3-631-35232-8 br. DM 29.–*

Die „Interdisziplinären Tage für Neue Musik und Theologie" haben im Juni 1998 in der Martinskirche in Kassel den Versuch unternommen, nach Visionen zu suchen, nach neuen Entwürfen, die Hoffnung vermitteln können und Bestand haben angesichts der bröckelnden Fortschrittsideologien. Die Beiträge des Buches bieten einen Einblick in Planung und Ergebnisse dieses Versuchs (die Vorträge der Theologen Jürgen Moltmann und Christian Link, die Voten der Komponisten Hans-Joachim Hespos und Michael Reudenbach), dazu Auswertungen aus musikalischer und theologischer Perspektive. Da die biblische Tradition für die Konzeption von großer Bedeutung war, sind auch die Texte und Predigten der Gottesdienste aufgenommen; die Konzertprogramme dokumentieren das musikalische Geschehen.

Aus dem Inhalt: Herbert Glossner: „Es waren zwei Königskinder..." neue musik in der kirche – Kassel 1998 – Corinna Dahlgrün: Auf der Suche nach „lebendiger Hoffnung". Eine Auswertung der Tage „neue musik in der kirche" – Jürgen Moltmann: „Ist jemand in Christus, so ist er eine neue Kreatur". Menschliche Hoffnung und die göttliche Kategorie des Neuen – Hans-Joachim Hespos: Votum zu 2. Korinther 5,17 – Christian Link: Visionen gegen die Zeit (Jesaja 43,18) – Michael Reudenbach: Noch nicht – Nicht mehr. Eine Auftragskomposition – Liturgie des Eröffnungsgottesdienstes – Corinna Dahlgrün: Predigt (Lukas 16, 1-8) – Ordnung der Mittagsgebete – Liturgie des Abschlußgottesdienstes – Martin Hein: Predigt („Und ich sah eine neue Erde") – Das Gesamtprogramm – Die Konzertprogramme – Mitarbeiterinnen und Mitarbeiter

Frankfurt/M · Berlin · Bern · Bruxelles · New York · Oxford · Wien
Auslieferung: Verlag Peter Lang AG
Jupiterstr. 15, CH-3000 Bern 15
Telefax (004131) 9402131

*inklusive Mehrwertsteuer
Preisänderungen vorbehalten

Homepage http://www.peterlang.de